Karl Kühne

Energie, Erdöl und Gemeinwirtschaft

Europäische Verlagsanstalt

Schriftenreihe Gemeinwirtschaft Nr. 18

Herausgegeben von der
Bank für Gemeinwirtschaft Aktiengesellschaft

Redaktion: Abteilung Gemeinwirtschaft

Gesamtherstellung: topdruck Bachmeier KG, Viernheim

ISBN 3 434 00267 7

Printed in Germany

Inhalt

I. Einleitung

1. Bedeutung der Energieversorgung für Wirtschaft und Gesellschaft

Wie andere Bereiche der Versorgung bilden die Energieträger eine Grundkomponente für das Wirtschaftsleben überhaupt. Man kann sich ganze Industriezweige wegdenken; damit würden zwar vielerlei Annehmlichkeiten unserer Zivilisation fortfallen, aber sie wäre nicht in ihrer Existenz bedroht. Ernährung, Energieversorgung, Transport sind dagegen drei Grundkomponenten, ohne die die Zivilisation zum Stillstand und zum Erliegen käme. Die Versorgung mit Energieträgern bzw. Primärenergie ist deshalb eine so wichtige Angelegenheit, daß man sie auf die Dauer nicht dem ungeordneten Spiel privater Marktkräfte überlassen kann.

Die Entwicklung der modernen Volkswirtschaft verlief weitgehend parallel zum Verbrauch von Energie. Dabei wuchs der Primärenergieverbrauch in allen Entwicklungsstadien der Industrialisierung zunächst sehr viel rascher als das Bruttosozialprodukt.

Im späteren Stadium, in den Industriestaaten etwa seit 1920, stieg dann die „Produktivität" der Energie generell, bzw. sie wurde wirtschaftlicher verwendet: Der Energie-Input pro Einheit des Bruttosozialproduktes nahm bis etwa 1965 ab. Erst von da an stieg er wieder, was z. B. in den USA zur Hälfte in der Versorgungswirtschaft, zu einem Drittel im Verkehr auf stagnierende bzw. sich verschlechternde Wirkungsgrade zurückgeführt wird. Es ist fraglich, ob man diese Entwicklung einfach mit einem „Verschwendungseffekt" bei niedrigem Energiepreis erklären kann, da dann diese letzte Trendumkehrung schon Ende der fünfziger Jahre hätte einsetzen müssen.

Eines ist von vornherein klar: In der Versorgungswirtschaft wie im Verkehr können gemeinwirtschaftliche Unternehmen entscheidende Beiträge zur wirtschaftlichen Verwendung der Energie und damit zum Fortschritt und zum Wachstum des Sozialproduktes leisten. Wie aber steht es mit der importierten Primärenergie, die großenteils über mehr oder weniger privatwirtschaftlich orientierte Konzerne bezogen wird? Inwieweit haben in der Vergangenheit, insbesondere im wichtigsten Importbereich, beim Erdöl, gemeinwirtschaftliche Tendenzen eine Rolle gespielt? Welche Chance besteht für ein Wirksamwerden gemeinwirtschaftlicher Faktoren und Unternehmen in diesem Bereich? Wieweit könnten sich solche Elemente in der speziellen Mischung aus Oligopolatmosphäre, vertikaler Konzentration und Einflußnahme der Erzeuger- und Verbraucherländer durchsetzen, die in der Welterdölwirtschaft gegeben sind?

Das sind einige der Fragen, die in dieser Schrift kurz angesprochen werden sollen. Dabei ist es nicht möglich, den Gesamtkomplex auch nur annähernd erschöpfend zu behandeln. Insbesondere kann hier nur geschildert werden, „was ist" — nicht so sehr das „Sein-Sollen". Letzteres gilt insbesondere für die Frage, welche Möglichkeiten für die interne Strukturierung gemeinwirtschaftlicher Energieunternehmen bestehen. Dagegen ist ihr Eingespanntsein in den weltweiten Rahmen und der Konflikt zwischen den ursprünglichen Zielsetzungen nationalisierter Unternehmen — deren Verhaltensziel als mit dem Gemeinwirtschaftsprinzip konform, wenn nicht synonym angesehen wird — Thema dieser Studie. Dabei wird sie wettbewerbspolitische und weltweite Zusammenhänge beleuchten und bewußt über die europäische Energiepolitik hinausgehen, denn es handelt sich hier um eine gemeinwirtschaftspolitische Studie.

2. Energieversorgung und Gemeinwirtschaft

Die bisherige Geschichte der Energieversorgung läßt sich mit wiederkehrenden Rhythmen der Ein- und Ausgliederung in den und aus dem gemeinwirtschaftlichen Rahmen kennzeichnen. Der älteste Energieträger ist das Holz. Der Wald war zuerst Gemeingut. In der feudalen Epoche wurde der Wald vielfach der Allgemeinheit entzogen, erst im Hinblick auf den Besitz, dann auch in der Nutzung. Es ist kurios festzustellen, daß die Waldverwüstung schon seit dem 14. Jahrhundert Befürchtungen aufkommen ließ, die Zivilisation könne an Brennstoffmangel zugrunde gehen — ja, es gab schon angesichts des ungeheuren Holzverbrauches der Eisenhütten eine Art „Nullwachstumsbewegung", z. B. unter den Bürgern von Nevers, die 1560 vom französischen König mit Erfolg ein Verbot der „Forges" verlangten[1]. Die Holzkohlegewinnung im Walde war allerdings fast ausschließlich privater Initiative vorbehalten; der „Köhler" tauchte schon früh in der Geschichte — bei Aristophanes — auf. Die systematische Einbeziehung des Waldes in die Gemeinwirtschaft kam erst zu einer Zeit, als die revolutionären Neuerungen in der Industrie einem neuen Energieträger zum Siege verhalfen: der Kohle — die alle Befürchtungen in Bezug auf Brennstoffmangel vergessen machte.

Quantitativ sah die Sachlage so aus: Noch um 1860 wurden vom gesamten Weltenergieverbrauch von etwa 530 Mill. t Steinkohleneinheiten (SKE) 303 durch Holz gedeckt, 88 durch Dung und Agrarabfälle, 134 durch Kohle und 5 durch Erdgas. 1913 deckte die Kohle von rund 2 Mrd. Steinkohleneinheiten 60 %, nämlich 1270 (Braunkohle 51), Erdöl 77, Erdgas 21 und Wasserkraft 35. Aber immer noch entfielen auf Dung usw. 327, auf Holz 258. Und noch um 1958 machten die beiden letzteren Quellen rund 13 % des Energieverbrauchs aus — Dung allein 11 %[2].

Um 1760 müssen bereits ungefähr 5 Mill. t Kohle in England gefördert worden sein; bis 1780 verdoppelte sich diese Ziffer, stagnierte dann bis gegen 1800 (11 Mill. t) und verdoppelte sich jeweils bis 1830 und 1845, um gegen 1870 110 Mill. t zu erreichen, wovon 13,4 % exportiert wurden[3]. Wie auch auf dem Kontinent blieb der Bergbau dabei in — zersplittertem — privatem Besitz.

Beim Übergang vom Holz zur Kohle als dem wichtigsten Energieträger ist die Energieversorgung noch der privaten Wirtschaft überlassen geblieben. Die Förderung der Kohle begann in England, Wales, Belgien und an der Ruhr durch private Initiative; erst später folgte der preußische Staat an der Saar und in Oberschlesien mit eigenen Gruben.

Bei der Sekundärenergie ging der Weg der Eingliederung in die Gemeinwirtschaft viel schneller: Private Gas- und Elektrizitätswerke wurden überall auf dem europäischen Kontinent von der munizipalen Initiative abgelöst, man sprach dann bald von einem „Gemeindesozialismus". Nach dem Zweiten Weltkrieg war der Kohlenbergbau in Großbritannien, Frankreich und den Niederlanden in Staatshand.

Mitte des zwanzigsten Jahrhunderts erfolgten in Großbritannien, Frankreich, später in Italien, die großen Nationalisierungen der Primär- wie der Sekundärenergie. Selbst im klassischen Land des freien Unternehmertums, in den USA, traten gemeinwirtschaftliche Unternehmen, wie die Tennessee Valley Authority, in den Vordergrund. Allein die Ironie der Geschichte wollte es, daß, mit Ausnahme des niederländischen Erdgaskomplexes, die Primärenergieversorgung mehr denn je in die Hände privater multinationaler Konzerne geriet. Dies geschah in einer Zeit, in der sich die Überzeugung bildete, daß Primär- wie Sekundärenergieversorgung gemeinwirtschaftlich orientiert sein sollten.

Wir haben es hier mit einer „Dialektik der Geschichte" zu tun, die Verspätungen erlebt. Die Eingliederung der Energiewirtschaft in den gemeinwirtschaftlichen Bereich überschnitt sich mit einer neu anlaufenden Welle der Ausgliederung bzw. Rückgliederung in den privaten Bereich.

Die hochkapitalistische Entwicklung des neunzehnten und zwanzigsten Jahrhunderts ist in vielen Ländern durch einen sehr viel rascheren Anstieg des Energieverbrauchs im Verhältnis zum Wachstum des Bruttosozialprodukts gekennzeichnet. Für die Vereinigten Staaten ist diese Tatsache im Zeitraum von 1850 bis 1920 eindeutig belegt[4]. Vor allem aber gilt dies für die Länder, die in der 2. Hälfte des 19. Jahrhunderts industrialisiert wurden: Von 1860 bis 1960 stieg der Energieverbrauch pro Kopf in der Sowjetunion auf 470 %, in Deutschland auf 900 %, in Indien aber nur auf 140 %[5].

Der Primärenergieverbrauch der Welt hatte sich von 1870 bis zum Ersten Weltkrieg versiebenfacht. Allein in der Periode von 1900 bis 1913 ergab sich fast eine Verdoppelung[6]. Im erstgenannten Zeitraum ist dabei das Bruttosozialprodukt der Industrieländer pro Jahr um 2,7 %, also in 43 Jahren nur auf etwas mehr als das Dreifache gewachsen[7].

Dann verlangsamte sich das Wachstum sowohl im Energiebereich als auch beim Sozialprodukt. Der Primärenergieverbrauch stieg von 1913 bis 1938 nur etwa um 30 %, von 1913 bis 1950 nicht ganz auf das Doppelte. Das Bruttosozialprodukt der Industrieländer ist im letzteren Zeitraum pro Jahr um 1,7 %, also in 37 Jahren immerhin um 90 % gewachsen: Hier zeigt sich, daß seit den zwanziger Jahren der Energieverbrauch vom Wachstum des Sozialprodukts eingeholt bzw. überholt wurde.

Das geht auf zwei Hauptgründe zurück. Einmal war ein Sättigungseffekt eingetreten: Die Wirtschaft war kapitalintensiv genug, es wurde nicht mehr so stark mechanisiert; das zeigt sich auch in sinkenden Kapitalkoeffizienten seit dem Ende des Ersten Weltkrieges. Zweitens wirkte sich die Massenarbeitslosigkeit zuungunsten weiterer Mechanisierung aus.

Bei den Energieträgern blieb bis 1938 die Kohle beherrschend, obwohl sich die Wasserkraft seit 1913 fast verdreifacht, Erdöl- wie Erdgasverbrauch fast verfünffacht hatten und die Kohle zwischen beiden Weltkriegen schon stagnierte (siehe Tabelle 1 des Anhangs).

Von 1870 bis 1913 ging der Kohleanteil langsam von 95 auf 90 % zurück, hatte aber 1938 immer noch 70 % inne (Erdöl schon 18). Danach sank er bis 1959 auf die Hälfte ab, und nun hatte das Erdöl fast ein Drittel, das Erdgas 12 %

inne. Der Wasserkraftanteil stieg nicht über 7 %.

Für die Entwicklung der Sekundärenergie allerdings gelten andere Gesetze. Hier war der Aufschwung gerade zwischen den Kriegen, als das Wachstum des Verbrauchs an Primärenergie gegenüber dem langsamer wachsenden Sozialprodukt noch zurückblieb, besonders spektakulär[8] (Tabelle 2 des Anhangs).

II. Die Heraufkunft des Erdöls

1. Die Entthronung der Kohle

Noch um 1938 war also die Kohle unbestritten „Königin" in Europa gewesen; sie deckte in der OECD 81 Prozent des Brennstoffverbrauchs, das Erdöl dagegen nur 8, die Wasserkraft nur 4 Prozent[9]. Erst 1952 überholt das Erdöl in den USA — in Steinkohleneinheiten — die Kohle mengenmäßig im Verbrauch, ein Ereignis, das im Europa der Sechs erst 1965 eintreten sollte. Der entscheidende Einschnitt lag jedoch schon zehn Jahre früher: 1955 sank in den europäischen OECD-Ländern der Kohleanteil unter zwei Drittel, der Erdölanteil stieg auf ein Fünftel, und ab 1957/58 wurde der Rückgang des Kohleanteils besonders auffällig.

Europa hatte um 1920 mit dem Erdölimport begonnen; Erdöl gab es eigentlich nur in Rumänien. Nach dem Zweiten Weltkrieg war so gut wie jedermann davon überzeugt, daß die Zukunft von der Kohle abhing. So kam es 1953 zum Montanunion-Vertrag von Paris: Die „Hohe Behörde" sollte dafür sorgen, daß die knappe Kohle allen sechs Vertragsländern zugute kam. Stattdessen sah sie sich nach vierjährigem Bestehen einer Überfülle an Kohle gegenüber. Wie kam es dazu?

Man hat der Hohen Behörde Mangel an Voraussicht vorgeworfen. Indessen war dies begreiflich: Im Jahre vor Inkrafttreten des Montanunionvertrages von Paris verbrauchte Europa nur rund 25 Mill. t „schwarze Produkte" auf Erdölbasis.

Noch im Oktober 1956 hatte die Hohe Behörde in ihrem später berüchtigten Memorandum die Gefahr kommender Kohleverknappung an die Wand gemalt: sie schätzte den Bedarf für 1960 auf 308, für 1965 auf 333, für 1975 auf 362 Mill. t. Gleichzeitig schätzte die OECD für ganz Westeuropa die Kohleförderung für 1960 auf 500, für 1975 auf 520 Mill. t. Tatsächlich entsprach letztere Ziffer dem westeuropäischen Kohleverbrauch von 1956, der nie mehr erreicht werden sollte.

Ende 1957 kam es zum ersten Mal nach dem Zweiten Weltkrieg zu einem ziemlich gleichzeitigen Rückschlag in den Industrieländern. Kohle ging zur allgemeinen Überraschung auf Halde; 1958 waren es 2 Mill. t in Frankreich, 6 in Belgien und mehr als 11 Mill. t in der Bundesrepublik. 1959 lagen in der Montanunion insgesamt 31 Mill. t auf Halde.

Vielen erschien dies zunächst als konjunkturelles Phänomen; aber in Wirklichkeit hatte der Konjunkturrückschlag nur die große Strukturwende sichtbar werden lassen, die inzwischen eingesetzt hatte und die durch das spektakuläre Abrutschen der Erdölpreise eingeleitet wurde. Gleichzeitig sanken die Seefrachten, womit Öl wie US-Kohle weitaus billiger auf den Markt kamen.
Im Preise sank schweres Heizöl von 1957 bis 1959 auf die Hälfte. Amerikanische Kohle fiel in den USA im Preise von Dezember 1957 bis März 1960 von 11.76 auf 9.60 Dollar pro t; durch einen Frachtensturz von 15.05 auf 2.94 Dollar verbilligte sie sich effektiv cif (cost, insurance, freight) Rotterdam von 26.81 auf 13 Dollar und zeitweilig weniger. Gleichzeitig aber zogen die europäischen Kohlepreise noch an — bei Ruhrkohle vom April 1957 bis April 1959 von 23.18 auf 25.69 Dollar, bei belgischer Kohle im gleichen Zeitraum gar von 30 auf 34.60 Dollar. Konnte es Wunder nehmen, daß mit dieser Entwicklung das Totengeläut für die Kohle anhub?[10]

Mit dem Preissturz wurde jetzt das Erdöl bzw. Heizöl, das noch in den frühen fünfziger Jahren, nach Heizwert in Kalorien gerechnet, teurer war als Kohle (in den USA war es das noch in den sechziger Jahren um rund ein Viertel), mindestens um 10 Prozent billiger. Jahr für Jahr kam es nach 1958 zu einer Verlagerung von etwa 2 Prozent des Gesamtenergieverbrauchs von der Kohle auf das Erdöl.[11]

In der Gemeinschaft der Sechs war der Kohleverbrauch von 1950 von rund 225 Mill. Tonnen bis 1964 auf 275 Mill. t angestiegen. Nun aber ging es bergab.
Für 1965 hatte die Hohe Behörde in ihrem Memorandum von 1956 einen Kohleverbrauch von 333 Mill. t vorausgesagt; tatsächlich erreicht wurden nur 275 Mill. t.[12]

Der relative Rückgang der Bedeutung der Kohle war viel spektakulärer als der absolute: 1960 stellte sie noch 61,3 Prozent des gesamten Primärenergieverbrauchs in OECD-Europa, das Erdöl 32,6 Prozent. 1965 war ihr Anteil schon auf 44,7 Prozent gesunken und vom Erdöl mit 48 Prozent überholt worden. 1970 war der Anteil der Kohle nur noch die Hälfte des Erdölanteils: 29,4 Prozent gegenüber 59,6 Prozent. 1972 betrug ihr Anteil im Europa der Sechs ganze 17,5 Prozent, im Europa der Neun noch 21,5 Prozent. Und für 1980 hat die OECD vorausgesagt — allerdings vor der Erdölversorgungskrise —, daß der Kohleanteil auf 13,7 Prozent absinken würde; fast zwei Drittel der Primärenergieversorgung würden dann vom Erdöl gestellt, nämlich 63,3 Prozent, während der Anteil des Erdgases, der 1970 erst 6,7 Prozent erreichte, sich dann mit 13,1 % nahezu verdoppelt hätte. Der Anteil der Atomenergie soll bis 1970/80 von 4,3 auf 9,8 Prozent steigen.[13]

Andere Berechnungen zeigen die Entwicklung vielleicht noch deutlicher auf: Von 1960 auf 1970 sank der Kohleverbrauch in OECD-Europa um etwa ein Fünftel; gleichzeitig stieg der Erdölverbrauch um das Fünffache. Nach Schätzungen der französischen Energiekommission sollte in Europa zwischen 1970 und 1980 der Kohleverbrauch auf zwei Drittel sinken, der Erdölverbrauch verdoppelt und der Erdgasverbrauch verdreifacht werden.[14] Eine Studie des Battelle-Instituts vom Mai 1974 hat diese Entwicklung erfaßt[15] (siehe Tabelle 3 des Anhangs).

Mit dem Sieg des Erdöls triumphierte bisher im wesentlichen die private Wirtschaft — repräsentiert durch multinationale Konzerne — über die allerdings auch nur teilweise in gemeinwirtschaftliche Zusammenhänge eingeordnete Kohle. Lediglich beim Erdgas, soweit es von Staatskonzernen gefördert wurde, gab es bisher eine teilweise Wiedergewinnung von Terrain für die Gemeinwirtschaft.

2. Die „acht großen Schwestern“

Man sagt, Drake habe das Petroleum 1865 aus der Erde geholt, aber John D. Rockefeller habe Gold daraus gemünzt. Dabei konnte es sich dieses Urbild eines Milliardärs leisten, großzügig die Produktionssphäre zu verachten: diese blieb einer Vielzahl kleiner, bestenfalls mittlerer Firmen überlassen. Erben des 1911 aufgelösten Rockefeller-Trusts wurden die Standard Oil von New Jersey — heute noch als Exxon die größte aller Gesellschaften —, Standard Oil of California (Chevron) und Socony-Mobil. Ein anderes Überbleibsel der Rockefeller-Ära ist der „Listenpreis“, von dem man heute soviel spricht: nur war das damals die Preisfestsetzung des mächtigen Käufers gegenüber den aufgesplitterten Produzenten — heute ist es umgekehrt.

Zur Gruppe der „acht großen Schwestern“, die den Welterdölmarkt beherrschen, gehören neben Texaco und Gulf Oil in den USA noch die britische BP, die niederländisch-britische Shell und die französische CFP (TOTAL). Zusammen beherrschen diese Acht heute noch rund 80 Prozent der Erdölversorgung der westlichen Welt.

Es ist die Ansicht vertreten worden, daß die Antitrustgesetzgebung notwendig wurde, weil es an gemeinwirtschaftlich orientierten Verkehrsträgern in den USA gefehlt hat. Deshalb konnten die privaten Eisenbahnen zum Instrument der Ölmacht Rockefellers werden. Man hat im Verkehrsbereich durch die Entwicklung des „common carriers", des öffentlichen Personenverkehrs, eine Art Ersatz für die Gemeinwirtschaft zu finden versucht. Man hat sogar versucht, dieses Konzept auf die Erdölleitungen auszudehnen, was beides nicht ausreichend gelang. Da zudem noch die Sekundärenergieerzeugung in den USA weitgehend in den Händen der privaten Wirtschaft blieb, entwickelten sich hier die Schlüsselbereiche — Verkehr und Energie — ohne gemeinwirtschaftliche Prinzipien.

Daß sich nach dem Zweiten Weltkrieg langanhaltende Perioden ergaben, in denen das Wachstum des Riesenlandes weit hinter dem Europas und Japans zurückblieb und der Rohstoffreichtum in den siebziger Jahren zu versiegen begann, läßt sich zu einem Großteil, wie auch andere Widersprüche in der Entwicklung der USA, durch dieses Fehlen gemeinwirtschaftlicher Konzeptionen erklären. Beispielsweise konnten die privaten Elektrizitätsgesellschaften weite Strecken des flachen Landes nicht für die Elektrifizierung erschließen. Zudem erklärt sich das Zurückbleiben der Südstaaten auch aus dem Fehlen der Gemeinwirtschaft im Verkehr und in der Energiewirtschaft. Die Vernachlässigung regionalpolitischer und strukturpolitischer Maßnahmen ist ohnehin Ausdruck des Fehlens gemeinwirtschaftlicher Prinzipien.

3. Der Erdölpreis — Dumping, Monopolstrategie oder straffes Oligopol?

Nimmt man den „Listenpreis" im ursprünglichen Sinne zum Maßstab, dann lag dieser am Ende des Ersten Weltkrieges pro Barrel bei rund 4 Dollar für Oklahoma-Öl. Dieser Preis sank dann unter dem Druck der Konkurrenz auf fast anderthalb Dollar zu Beginn der zwanziger Jahre, erholte sich mit dem Aufschwung der Weltwirtschaft bis etwa 1927 auf über zwei, gab dann langsam nach, um gegen 1933 auf einem Tiefpunkt von etwa 60/70 cents anzukommen. Der „Listenpreis" stieg bis zum Beginn des Zweiten Weltkrieges wieder auf etwa 2,2 Dollar und holte zu Kriegsende scharf auf, um gegen 1950 mit 2,6 Dollar weit über dem Niveau von 1927 zu bleiben. Auf seinem Höhepunkt 1957 lag der Rohölpreis 158, der Heizölpreis 186 Prozent über dem Stand der Jahre 1936/38. Allerdings war gleichzeitig das allgemeine Niveau der Rohstoffpreise um 274 Prozent höher, so daß der Erdöl-Realpreis schon um fast ⅓ gesunken war[16]. 1958 kam dann der Preissturz bei Nahostöl.

In Amerika wirkte sich der Preissturz weniger bzw. gar nicht aus. Venezuela-Rohöl erreichte einen Marktpreis von zwei

Dollar gegen Mitte der sechziger Jahre. Per Saldo kann man sagen, daß der inneramerikanische Preis in den sechziger Jahren „am Bohrturm" um dreieinhalb Dollar herum lag, während die Europäer für Mittelost-Rohöl cif Genua oder Rotterdam im Schnitt zwei Dollar zu zahlen hatten. Lag hier einer der Gründe für das raschere Wachstum der europäischen Wirtschaft?[17]

Wie kam das Preisgefälle zustande, und welchem Preisbildungsprozeß unterliegt der Welterdölmarkt? Auf diese Frage haben eine ganze Reihe von Institutionen zu antworten versucht: Zunächst die Marinebehörden der Alliierten im Zweiten Weltkrieg, sodann die Marshallplanüberwachungsbehörde der USA, die „Federal Trade Commission" 1952 und schließlich noch die ECE (UNO-Wirtschaftskommission) in Genf 1955. Sie alle kamen zu dem Ergebnis, daß der Erdölpreis ein manipulierter, monopolistisch fixierter Preis sei.

Nun stand allerdings schon am Anfang der Blüteperiode der modernen Erdölwirtschaft ein hartgesottenes Kartell: der berühmte Vertrag von Achnacarry, den die Herren Deterding von der Royal Dutch Shell, Teable (Standard Oil of New Jersey, heute Exxon) und Cadman (Anglo-Iranian, heute BP) 1928 im schottischen Jagdschloß dieses Namens abgeschlossen hatten. Der Erdölökonom P. H. Frankel hat den Vertrag mit den Worten beschrieben: „Es war ein Friedensvertrag, der den status quo festlegte — was praktisch bedeutete, daß die Shell ihre unglaublichen Gewinne der letzten Jahre behielt und gerade in dem Moment das Kriegsbeil begrub, in dem sie viel zu verlieren hatte"[18].

Der Vertrag selbst sprach von der „Schädlichkeit der Konkurrenz", wollte im Interesse der Öffentlichkeit „Verschwendung und übermäßige Investitionen vermeiden" und verurteilte jede Maßnahme, die die „Kosten steigern oder die Nachfrage drosseln" könnte. Der „gerechte Preis" wurde nur nebenher erwähnt — indirekt ging es aber hauptsächlich darum, ihn durch Vermeidung einer Überproduktion zu halten.

Dem Vertrag war das „Group Agreement" vom 31. 7. 1928 vorausgegangen. Darin wurde das asiatische Gebiet der Vorkriegstürkei plus Innerarabien nur gemeinsamen Schürfungen vorbehalten, woraus dann die Irak Petroleum Company entstand. Allerdings blieb bei diesem „Agreement" das kleine Kuwait ausgeklammert, das — wie sich bald herausstellen sollte — just auf dem dicksten Ölfleck der Welt lag. Hier setzten sich BP und Gulf Oil fest, und von hier aus wurde dann später praktisch das Kartell gesprengt. Aber bis 1938 galt das Abkommen von Achnacarry offiziell, und in seinen Nachwirkungen hielt es bis in die Nachkriegszeit vor.

Wichtigste Konsequenz war bis nach dem Zweiten Weltkrieg die Koppelung des Mittelostpreises an die US-Preisstruktur. Dies geschah zunächst mittels des auch sonst in Quasi-Kartellen beliebten Instruments der „Frachtbasiskalkulation", in der dem Produktionspreis eine künstliche „Schattenfracht" („Phantom freight") zugeschlagen wird. Dabei galt bei Mittelostöl der Förderpreis im Golf von Mexiko, plus einem fiktiven Frachtzuschlag von dort.

Dieses „Schattenfrachtsystem" hat man dann zwar in seiner krassesten Form im Zweiten Weltkrieg unter dem Druck der alliierten Marinebehörden aufgeben müssen, weil diese nicht Frachtkosten bezahlen wollten, die gar nicht entstanden. Der Einheitspreis blieb trotzdem bestehen, obwohl die Förderkosten im Mittleren Osten nur einen Bruchteil der amerikanischen ausmachten. Hier setzte dann die Marshallplan-Behörde an, die dieses überteuerte arabisch-persische Öl für die von ihr betreuten Europäer nicht kaufen wollte. Von Ende 1947 bis Mitte 1949 bröckelten unter deren Druck die Listenpreise um etwa ein Drittel ab, und nun lag die „Preiswasserscheide" — an der amerikanisches Erdöl einschließlich Fracht genau so teuer war wie arabisches — nicht mehr wie bisher in London, sondern im Hafen von New York. Theoretisch konnte nun also Mittelostöl auf dem US-Markt konkurrieren. Praktisch wurde es aber von dort bis in die siebziger Jahre hinein künstlich ferngehalten.

Tatsache ist jedenfalls, daß das Fehlen eines starken gemeinwirtschaftlichen Unternehmenskomplexes in der Welterdölwirtschaft von vornherein rein privatem Gewinndenken die beherrschende Position zuspielte. Die relativ schwachen gemeinwirtschaftlichen Kräfte, wie sie die britische bzw. französische Staatsbeteiligung an der BP und der CFP sowie die im Weltmaßstab kaum bedeutsamen Staatskonzerne, wie ENI und ERAP/ELF, darstellten, konnten keine nachhaltige Beeinflussung der Erdölweltwirtschaft auslösen.

Hier stellt sich nachdenklichen Beobachtern eine Reihe von Fragen: War und ist nun der Erdölpreis ein regelrechter Kartellpreis? Und ist vielleicht das Absinken dieses Preises in Europa seit 1957 bis zum Ende der sechziger Jahre nichts anderes als ein Kartellmanöver gewesen, dazu bestimmt, den Konkurrenten Kohle zu ruinieren, um den Markt zu beherrschen? Könnten dann nicht die spektakulären Preisanhebungen der siebziger Jahre ein zwischen den „großen Acht" und den Arabern von vornherein abgekartetes Spiel sein, um den nun eroberten Markt jetzt erst richtig auszubeuten?

Oft wird die letzte Frage noch durch die Unterstellung verschärft, daß gerade auf dem Markt für schweres Heizöl, der die Kohle unmittelbar trifft, ein ausgesprochenes „Dumping" betrieben würde, weil es sich um ein Nebenprodukt der Benzin- und Dieselölerzeugung handele, das man beliebig kalkulieren könne, so daß es hier gar keine kostenbedingte Mindestpreisgrenze gäbe.

Hier liegen die Dinge allerdings keinesfalls so einfach, wie es scheinen mag. Zwar kann man z. B. das Verhältnis zwischen „weißen" (wertvollen) und „schwarzen" Produkten variieren; in den europäischen Raffinerien ist im Schnitt ein Viertel der Produktmenge Benzin, mehr als ein, oft fast zwei Drittel aber ist Heizöl (vom Wert: 15—30 %); dieweil in den USA das Heizöl nur ein Siebentel ausmacht. Aber bei so reichlichem Benzinanfall wird eher der Benzinpreis „dumpingartig" gedrückt: in den USA stieg er zwischen 1938 und 1960 noch nicht halb so stark wie der Heizölpreis.

Zur Kartellfrage sagt einer der besten Kenner der Materie, der US-Ökonom M. A. Adelman, kurz und knapp: „Vor dem Zweiten Weltkrieg gab es ein Kartell"[19]. Allerdings hat das Kartell schon damals nicht immer funktioniert, wie das Absinken des Preises auf 10 cents pro Barrel nach den Entdeckungen in Osttexas 1930 bewies. Seither spricht man von einer Art „Osttexasneurose", der Angst vor der Wiederholung dieses Preissturzes.

Für die Preiseinbrüche in der Nachkriegszeit hat Edith Penrose die These aufgestellt, Preissenkungen seien „wohlüberlegte Entscheidungen der Großkonzerne (die sicher unter staatlichem Druck zustande kamen) . . . Als Käufer von Rohöl entschieden die Großkonzerne, wann und wie stark die Preise fallen sollten", wobei die Verwendbarkeit billigen Nahostöls in ihren Raffinerien in Europa entscheidend sei[20].

Adelman wendet demgegenüber ein, die Konzerne seien ja gar nicht Käufer, sondern Verkäufer von überschüssigem Rohöl. Zudem gäbe Edith Penrose selber zu, daß die Konzerne eigentlich ein Interesse daran haben, ihren eigenen europäischen Raffinerien das Rohöl zu hohen Preisen zu verkaufen. Damit sparen sie Steuern in den Ländern, in denen diese Raffinerien Gewinnsteuern zu zahlen haben, und halten gleichzeitig Unabhängige, die diese hohen Rohölpreise auch zahlen müssen, aus der Raffineriebranche heraus, weil bei diesen Raffinerien nur niedrige Gewinne entstehen können. Allerdings kann die Argumentation von Edith Penrose für die siebziger Jahre wieder Bedeutung gewinnen, denn nun werden die Großkonzerne zu Käufern oder gar zu Steueragenten gegenüber den Förderländern.

Bis dahin blieben nur zwei Erklärungen für Preissenkungen: entweder waren sie die Konsequenz staatlichen Drucks, oder es gab eben doch Restbestände des Wettbewerbs. Die Erklärung mit staatlichem Druck allein erschien kaum ausreichend, zumal Adelman in einer anderen Arbeit lapidar feststellte: „Die Hauptbeteiligten — die Regierungen der Förderländer, die Gesellschaften und die Regierungen der Verbraucherländer wollen alle hohe Erdölpreise, wenn auch aus ganz verschiedenen Gründen".[21] Liegen die Dinge nach 1973 etwa ähnlich?

Tatsache ist eines: Selbst auf dem Tiefpunkt der sechziger Jahre sind die Preise für Mittelostöl stets himmelhoch über dem Kostenniveau im weitesten Sinne — und zwar auch hoch über den Grenzkosten — geblieben. Man könnte sich fragen: Was also hielt den Preis hoch, wenn nicht das Kartell? Ganz so einfach liegen die Dinge jedoch nicht. Zwar bestreitet kein vernünftiger Autor den oligopolistischen Charakter der Weltölwirtschaft; allein der Grad des darin verbleibenden Wettbewerbs ist umstritten. Es gibt dazu eine ganze Reihe von ökonomischen Theorien.

Eine davon ist die „Wettbewerbsparitätstheorie" des US-Experten Walter Levy, die dieser im Einklang mit dem Exxon-Präsidenten um 1951 entwickelte.[22] Danach kann der Preis für Nahostöl niemals unter den Preis sinken, der gerade noch Exporte nach den USA zuläßt; das soll selbst dann gelten, wenn viele Lieferanten miteinander konkurrieren würden. Diese Theorie ignoriert aber völlig — wie Adelman hervorgehoben hat — die außerordentlich unterschiedlichen Produktionskosten in verschiedenen Förderländern: dort, wo die Kosten besonders niedrig liegen, muß die Produktion so rasch steigen, daß der Preis schließlich doch abbröckelt.[23]

Nach dem „Frachtbasissystem" wurde der Preis für Nahostöl bis 1949 auf dem Niveau für Öl aus Texas plus Fracht von Texas nach New York gehalten, auf 2.96 Dollar. Da die Fracht vom Persischen Golf nach New York 1.21 Dollar betrug, belief sich der wirkliche Preis im Persischen Golf auf rund 1.75 Dollar — mindestens das Zehnfache der damaligen maximalen Förderkosten für arabisches Öl im weitesten Sinne, einschließlich Prospektion bzw. Schürfung.

Als nun dieses künstliche Preisgefüge unter dem Druck der Marshall-Plan-Behörde aufgegeben werden mußte, gab der Preis aber doch nicht wesentlich nach, sondern hielt sich von Mitte 1949 bis 1953 auf etwa 1.75 Dollar — nur zeitweilig 1.65 — was zusammen mit der Fracht nahezu auf das alte Niveau hinauslief.

Hier stellt sich die zweite Theorie ein, die eines „stillschweigenden Zusammenspiels". Aber wenn die großen Gesellschaften wie ein einziger Monopolist zusammengearbeitet hätten, dann hätte ihr Interesse darin liegen müssen, die zahlreichen Hochkostenproduzenten in den USA zu unterbieten, bis ihre Grenzkosten ihrem Grenzerlös gleichgekommen wären. Diese Grenzkosten lagen bei höchstens 39 cents Förderkosten plus dem höchsten Steuer- und Abgabensatz, dem Saudi-Arabiens (damals 21 cents pro Barrel)[24]. Mit der reinen Monopoltheorie läßt sich also der Preis der fünfziger Jahre auch nicht erklären: Er hätte auch dann niedriger liegen müssen.

Die dritte Theorie, die erklärt, warum es eben zu einer klaren Kartell- oder Monopolpreisbildung nicht kam, ist die von Adelman selbst: eine Theorie des „Oligopols plus staatlicher Wettbewerbsblockierung plus preissteigender Reglementierung in den USA".[25] Später fügte er hinzu: „Dieses Oligopol wird zudem untermauert durch das Abgabesystem der Förderländer, das gewissermaßen eine Art Sprungnetz unter das internationale Preisniveau zieht".

Zunächst einmal darf der Marktpreis in seiner Bedeutung nicht überschätzt werden. Immerhin bewegen sich rund 80 Prozent aller Rohölmengen durch die „integrierten Kanäle" innerhalb des Verteilungsnetzes der „großen Acht" selber. Manche sagen, es seien 90 Prozent, und — so geht deren Argument weiter — wenn sich nur zehn Prozent der Ölmengen auf dem freien Markt bewegen und die Branche eine Überkapazität von 20 Prozent hat, dann muß sich eben ein Preissturz ergeben.

Tatsächlich ist nun auch ein solcher Preissturz Ende 1957 eingetreten. Aber bei näherem Hinsehen erweist sich dies keineswegs als Resultat eines solchen Kapazitätsüberhangs. Bei verschiedenen Gelegenheiten haben leitende Männer der Ölwirtschaft betont, daß sie eine Kapazitätsreserve von etwa 13 bis 15 Prozent brauchen, um unvorhergesehenen und saisonalen Spitzenanforderungen genügen zu können[26]. Das wichtigste Gegenargument ist aber, daß man bei einem mehr als zehnprozentigen Wachstum der Förderung, wie es in den Jahren 1956—66 gegeben war, einen zwanzigprozentigen Kapazitätsüberhang durch Stop der Kapazitätsausweitung bald beseitigen könnte.

In großen Zügen sah die Nachkriegspreisentwicklung so aus (Preise pro Barrel fob (free on board) Persischer Golf): 1947 — 3.8 Dollar; 1949 — 1.65; 1957 — 2.1; 1969 — 1.2; Ende 1974 — 9.5 bis 11 Dollar[27]. Alle bisherigen Erklärungen sind für das Auf und Ab der Preise vor dem OPEC-Kartellsieg von 1973 nicht ganz befriedigend. Sehen wir zunächst einmal vom politischen Druck der Förderländer ab, dann bleibt die Frage: Läßt sich eine manchmal steigende, ein andermal sinkende Preistendenz allein aus dem klassischen Oligopolkonzept erklären? Oder war bereits für den wechselnden Trend das politische Rahmenklima entscheidend? Auch heute — unter dem Druck des quasi-politischen Diktats der OPEC-Länder — bleibt diese Fragestellung noch interessant. Von der Antwort darauf hängt es ab, ob eine Hoffnung auf einen niedrigeren Preis in der Zukunft besteht.

Man könnte nun versucht sein, die Periode der steigenden Preise damit zu erklären, daß bis zur Hochkonjunktur von 1957 ein Oligopol mit Preisführerschaft das Preisniveau anhob, und zwar hauptsächlich in zwei großen „ruckartigen" Schüben 1953 und 1957. Beide Male wirkte der Teil der Erdölwirtschaft, der in den USA seinen Schwerpunkt hatte, als auslösender Faktor. Hier hatten sich Kostensteigerungen ergeben, und hier war der staatlich-institutionelle Rahmen am günstigsten.

Das Absinken der Preise ab 1957 ist sehr viel schwerer zu erklären. In der

Regel pflegt in einem Oligopol die Tendenz zum Halten des einmal erreichten Preisniveaus vorzuherrschen, weil jeder Oligopolist weiß, daß die anderen einer Preissenkung ohnehin Folge leisten. Der Umbruch 1957 wäre also nur durch das Eindringen von Außenseitern zu erklären. Diese aber wären wiederum nicht stark genug gewesen, um die Preise auf ein Wettbewerbsniveau herabzudrücken: denn dann wären sie auf jene „Maximalschürfungskosten" plus einem Zuschlag abgesunken, die bei 20 cent pro Barrel liegen — und nach Adelman, jedenfalls für den Nahen Osten, auch für die nächsten 15 Jahre liegen werden.[28] Die Höhe dieses Zuschlags wird allerdings von den Abgaben an die Förderländer bestimmt — wobei man weiter berücksichtigen muß, wie sich die dortige Steuerbelastung in den Gesamtbilanzen der Konzerne effektiv niederschlägt, wenn diese sie größtenteils in ihren Heimatländern von den Steuern wieder absetzen können.

Für das Problem, ob und wie gemeinwirtschaftlich orientierte Unternehmen auf die Preisentwicklung Einfluß nehmen könnten, ist die Frage nach der Marktform ganz entscheidend. Immerhin kann man feststellen, daß in der großen Preissenkungswelle von 1957/58 diejenigen Weltkonzerne, bei denen ein hoher gemeinwirtschaftlicher Anteil gegeben war — die britische BP (Staatsanteil ca. 40 %), die französische CFP (Staatsanteil ca. 35 Prozent), daneben auch die ENI des italienischen Staates — einen entscheidenden Anstoß gegeben haben.

Die internationale Erdölwirtschaft ist eines der interessantesten Beispiele für die ungleichgewichtigen Tendenzen, die von einem relativ engen Oligopol ausgehen, das teilweise Außenseitereinflüssen ausgesetzt ist. Die Frage ist, ob es nicht möglich gewesen wäre, unter der Führung gemeinwirtschaftlich orientierter Großfirmen den Welterdölpreis in gleichmäßiger Entwicklung langfristig und behutsam stärker an das Kostenniveau anzunähern, unter gleichzeitiger Abstimmung der Interessen der Förder- und Verbraucherländer und unter Vermeidung abrupter Änderungen in der Preisstruktur, die in beiden Ländergruppen schwerste Erschütterungen auslösen können.

Es erhebt sich die Frage, inwieweit wenigstens gewisse Ansätze zu derartigen gemeinwirtschaftlichen Konzeptionen in der Welterdölwirtschaft festzustellen sind. Hier muß man zugeben, daß diese Ansätze gerade in den Förderländern sehr viel prononcierter in Erscheinung treten als in den Verbraucherländern, wobei sich allerdings die weitere Frage stellt, wie das Gemeinwirtschaftskonzept auf Weltebene im Verhältnis zu solch einem engeren Konzept der einzelnen — teilweise menschenleeren — Förderländer gesehen werden muß.

Andererseits müssen wir uns der Frage zuwenden, ob in Zukunft überhaupt noch ein entscheidender Einfluß von den Weltkonzernen ausgehen kann — ob sie heute nicht schon allesamt zu bloßen „lizensierten Steuereinnehmern" (so Adelman) der Förderländer geworden sind.

4. Die Rolle der staatlichen Initiative auf der Erzeugerseite: Vergemeinwirtschaftlichung und Nationalisierung

In einer Studie über die multinationalen Gesellschaften im Welterdölgeschäft hat Adelman eine Behauptung aufgestellt, die auf den ersten Blick schockierend wirkt: „Die Hauptbeteiligten — die Regierungen der Förderländer, die Gesellschaften und die Regierungen der Verbraucherländer — wollen alle hohe Erdölpreise, wenn auch aus ganz verschiedenen Gründen. Alle tun sehr viel, um den Wettbewerb zu unterdrücken; sonst lägen die Preise weit unter dem jetzigen Niveau. Alle zusammen können jedoch den Prozeß nicht ganz stoppen, denn sie können sich bei der Kontrolle des Erdölangebots nicht einig werden. Jede Gesellschaft und jede Regierung weiß, daß sie mit allen anderen zusammenarbeiten muß; keine möchte aber mehr tun als unbedingt notwendig ist, und jede möchte soviel bekommen, wie sie kann".

„Der Konflikt, der sich daraus ergibt, ist vor allem deshalb gefährlich, weil alle Parteien in wechselndem Grade ihre Erwartungen und Bindungen auf einem Zukunftspreis aufbauen, der höher ist als der der Gegenwart; wahrscheinlich fällt er nämlich doch niedriger aus. Sie werden alle enttäuscht und ihre Reaktionen dürften scharf sein"[29]. Die Überschätzung des Zukunftspreises ist nun tatsächlich die Hauptgefahr; hier liegt ein fundamentaler Unsicherheitsfaktor vor.

Die Politik der niedrigen Abgaben war in der Frühzeit der Erdölwirtschaft mit rücksichtsloser Förderung gekoppelt gewesen. Das rief die erste Abwehrreaktion in Mexiko hervor, wo einige wenige Abenteurer die Förderung noch vor dem Ersten Weltkrieg begonnen hatten. Um 1922 lag Mexiko mit fast 30 Mill. Tonnen Erdöl an 2. Stelle der Weltproduktion.

Das Beispiel Mexikos ist in dreifacher Hinsicht interessant. Einmal war es das erste Land, das den Großkonzernen die Zähne zeigte, zweitens das erste, das seine Erdölwirtschaft nationalisierte, drittens das erste, das mit seinen Vorräten zu haushalten versuchte. Erst 1971 erreichte die Förderung wieder 20 Mill. t, und man bemüht sich auch weiterhin, ein gleichmäßiges Verhältnis, etwa 1 : 20, zwischen Förderung und nachgewiesenen Vorräten einzuhalten. Insofern bietet Mexiko gleichzeitig das erste Beispiel für eine gemeinwirtschaftliche Haltung im Interesse einer bestmöglichen Ausnutzung von Bodenschätzen.

Bis 1974 zählte Mexiko nicht mehr zu den Exportländern von nennenswerter Bedeutung; mit den neuesten Funden in Chiapas könnte es wieder zur Führungsgruppe stoßen.

Wenn man nur die Länder betrachtet, deren Erzeugung mehr als das Vierfache ihres Verbrauchs beträgt, so gibt es heute vierzehn solcher Länder: Vier große und sechs kleine arabische Länder, drei weitere fast ganz islamische (Iran, Indonesien, Nigeria) und dazu Venezuela. Es läßt sich nun nicht leugnen, daß ein relativ dicht bevölkertes Entwicklungsland — und das trifft auf Länder wie Indonesien, Venezuela, Irak und selbst Algerien und den Iran zu — wie Mexiko ein Interesse daran haben kann, seine Bodenschätze im Abbau zu „strecken", damit die Reichtümer auch dann noch vorhanden sind, wenn der „take-off", der Start in ein modernes Wirtschaftswachstum, einsetzt und das Land selber einen großen Teil seiner Energievorräte braucht. Allerdings stellt sich dieses Problem kaum bei der großen Mehrheit der arabischen Wüstenländer.

In diesen Ländern dürften in weltwirtschaftlicher Sicht die gemeinwirtschaftlichen Interessen der Verbraucherländer einen Vorrang gegenüber den engeren Interessen der Förderländer beanspruchen können, auch wenn man den letzteren nicht das Recht bestreiten kann, ihre Entwicklungsansprüche geltend zu machen. In neuester Zeit kommt jedoch die Notwendigkeit der Erdölversorgung der erdöllosen Entwickungsländer hinzu, die die eigentlichen Opfer einer langfristigen Hochpreispolitik zu werden drohen.

Das nächstwichtige Beispiel ist das Venezuelas. Von 20 Mill. t 1937 stieg die Förderung bis auf 90 Mill. im Jahre 1946, um 1970 einen Höhepunkt mit 193 Mill. t zu erreichen. Dennoch hat das Land, das fast nur exportierte, die Spitzenposition im Export an Saudi-Arabien und den Iran verloren.

Als 1948 die „Demokratische Aktion" die Diktatur aus dem Sattel hob, wollte auch dieses Land seine Erdölwirtschaft nationalisieren. Sofort drosselten die Ölkonzerne die Investitionen. Dann aber siegte — sicherlich mit ihrer Hilfe — die Diktatur von Jímenez, mit der sich die Konzerne verständigten. 1958 kam die „Demokratische Aktion" wieder an die Macht, diesmal auf längere Zeit, verzichtete aber auf eine sofortige Nationalisierung. Dafür entwickelte man eine Art Philosophie der Ölkonservierung, die dem Land seine Reichtümer für die Zukunft erhalten sollte, weil man vor allem auch der Ansicht war, daß auf kurze Sicht aus massenhaftem Ölverkauf doch nicht genug Nutzen zu ziehen sei.

Die „Demokratische Aktion" Venezuelas war dann auch eine der treibenden Kräfte bei der Gründung der OPEC, der weltweiten Organisation der Produzentenländer. Immerhin brachte man es fertig, die Abgaben pro Barrel bis zum Beginn der siebziger Jahre auf mehr als das Doppelte anzuheben — auf über einen Dollar[30]. Die Venezolaner waren es, die zuerst die Forderung nach „50 : 50" — der Hälfte aller Gewinne — erhoben.

Das Land verfolgte gleichzeitig eine Politik des Auslaufenlassens der Konzessionen und gründete eine Staatsgesellschaft, die auf längere Sicht die Erdölwirtschaft übernehmen soll. Bisher hat diese allerdings nur geringe Kapazitäten, und das sinkende Interesse der großen Ölkonzerne hat 1971 erstmalig zu einem Förderrückgang von 5 Prozent geführt, der erst 1973 wieder aufgeholt wurde. Vor 1958 wuchs die Förderung um rund 10 Prozent pro Jahr, seither im Schnitt nur noch um etwa 3 Prozent. Venezuela dürfte aufgrund seiner Politik an Bedeutung verlieren, weil es sicher nicht gelingt, die anderen Förderländer zu einer ähnlichen Drosselung zu bewegen.

In den Jahren des stürmischen Aufstiegs Venezuelas hatte noch ein anderes Land den Weg Mexikos zu beschreiten versucht: der Iran. Zwischen 1945 und 1950 war dort die Förderung auf 32 Millionen Tonnen verdoppelt worden. Da machte Ministerpräsident Mossadegh 1951 den unglücklichen Versuch einer Nationalisierung. Er scheiterte völlig; die Förderung kam praktisch zum Stillstand, und die arabische Halbinsel war der lachende Dritte. 1954 einigte man sich; der Staat blieb zwar Eigentümer, aber das neue Konsortium, in das auch nun die Amerikaner eingedrungen waren, förderte das Öl; 1971 überschritt die Förderung 227 Mill. t. Der Iran strebt heute die Marktvorherrschaft von vor 1951 wieder an.

Nach dem Scheitern Mossadeghs blieb nur der weniger radikale Weg, den alle Förderländer beschritten, der der allmählichen Anhebung der Steuern und Abgaben. Hier hatte Venezuela den Weg gewiesen; in Saudi-Arabien und im Iran stiegen die Abgaben von 1946 bis 1966 von unter 20 auf 80 bis 90 cents pro Barrel, um dann allerdings zu stagnieren. Eine Ausnahme ist Libyen, wo sich die Abgaben von 1964 bis 1967 um das anderthalbfache erhöhten und das venezolanische Niveau erreichten (102, ab 1970 109 cents).[31]

Die ersten Konzessionen im Nahen Osten waren von einigen Abenteurern spottbillig erworben worden. Auch die Abgaben an die Förderländer waren damals sehr bescheiden. Die höchste Summe, 21 cents pro Barrel, also etwa 12 Prozent vom Marktpreis, zahlte noch um 1950 ein Konsortium führender US-Konzerne — die Aramco — an Saudi-Arabien.

Die Nationalisierung in Algerien (1971) ebenso wie die teilweise Nationalisierung im Irak (seit 1972) stellen nun Sonderentwicklungen dar, die bereits der nächsten Epoche angehören, einer Epoche mit der Tendenz einer immer größeren Beteiligung der Regierungen am Vertrieb und an der Förderung des Öls. Algerien hatte zunächst das Musterbeispiel der Zusammenarbeit zwischen gemeinwirtschaftlich orientierten Konzernen auf beiden Seiten darstellen sollen. Frankreich hatte relativ hohe Erdöl- und Erdgaspreise hingenommen, teilweise wegen der Zugehörigkeit Algeriens zur Franc-Zone, teilweise angesichts der geographischen Nähe und strategischen Sicherheit. Die Zerwürfnisse zwischen Algier und Paris wurden gleichzeitig zu einer Niederlage für das Gemeinwirtschaftskonzept; Reste der Verbitterung zwischen Kolonisatoren und Kolonisierten von einst, aber auch Einflüsse von außen — amerikanische Methankäufe — spielten hier mit.

Im Irak waren umgekehrt die Amerikaner unbeliebt und wurden enteignet, die Franzosen aber wurden mit Priorität behandelt und geschont. Das Land hatte dann allerdings darunter zu leiden, daß nun die Prospektion vernachlässigt wurde, nicht genug eigenes Kapital dafür zur Verfügung stand und schließlich auch als Folge der häufigen Unterbrechungen der transsyrischen Pipeline — teils auf syrische Initiative hin, teils durch die Israel-Krise — die Verbindungen zu den Abnehmerländern immer wieder gestört wurden. Noch radikaler ging Libyen vor.

Sämtliche Maßnahmen der Regierungen der Förderländer — mit Ausnahme der USA — haben jedoch bis gegen 1970 nur geringen Einfluß auf die Versorgung mit Erdöl gehabt. Tendenzen zur Bremsung der Förderung, wie sie etwa von Venezuela ausgingen, haben das spektakuläre Absinken der Erdölpreise in den sechziger Jahren nicht verhindern können, und die Nationalisierungsexperimente blieben zunächst auf wenige Länder beschränkt.

5. Die Rolle der staatlichen Maßnahmen auf der Verbraucherseite

Es spricht einiges dafür, daß die indirekten Preisstützungsmaßnahmen in den USA die Erdölschwemme der sechziger Jahre verstärken halfen und indirekt preissenkend auf dem Weltmarkt gewirkt haben. Formell gesperrt wurde der USA-Markt gegenüber dem Weltmarkt (mit Ausnahme Kanadas und Mexikos) von Präsident Eisenhower im Jahre 1959 durch die Verhängung von Importkontingenten, die den Marktanteil der Importe praktisch einfroren. In den Jahren vorher waren die Einfuhren um jährlich etwa 15 Prozent gewachsen; danach sind sie nur noch im Rhythmus des Verbrauchszuwachses angestiegen, etwa um 3 Prozent pro Jahr. Auch andere kartellartige Machenschaften (z. B. die der „Texas-Eisenbahnkommission" seit 1953) trugen dazu bei, daß das inneramerikanische Preisniveau noch gehalten wurde. Wichtigstes Instrument waren aber die Einfuhrkontingent-„Tickets", die zwar nicht direkt gehandelt wurden, aber doch indirekt — per „Öltausch", etwa zum Preise von einem Dollar pro Barrel[32].

Damit wurde Importöl, das an der US-Ostküste für 1,5 Dollar angelandet wurde, annähernd auf das inneramerikanische Preisniveau hinaufgeschleust, das damals bei rund drei Dollar lag. Dieses Niveau stieg nun an; die Folge war, daß man in den USA in den sechziger Jahren für Erdöl im Schnitt fast doppelt soviel zu zahlen hatte als in Europa.

Zahlreiche unrentable US-Bohrstellen blieben in Betrieb; man schätzte, daß durch die Begrenzung der Importkontingente 150 Mill. t mehr Erdöl in den USA gefördert wurden, als es ohne sie der Fall gewesen wäre. Außerdem wurden die Preise in den USA hochgehalten und damit der amerikanische Konsum wahrscheinlich um weitere 100 Mill. t Erdöl gedrosselt, die sonst in die USA gegangen wären, jetzt aber auf den europäischen und japanischen Markt flossen. Es war vielleicht kein Zufall, daß das Jahr 1959, das die USA-Quoten brachte, auch den Preisverfall für Erdöl und Erdölprodukte einleitete, der vor allem bei schwerem Heizöl bis 1969 anhielt.

Andererseits kann man vermuten, daß die 1972/73 erfolgte Lockerung der US-Einfuhrrestriktion, die eine langsame Steigerung des Importanteils über den seit 1960 üblichen Satz von 25 Prozent des Verbrauchs brachte, auch eine der Ursachen dafür war, daß nun die Produzentenländer die Zeit für gekommen sahen, ihre Forderungen zu präsentieren. Die Zeit der Ölschwemme in der übrigen Welt war vorüber, als die US-Einfuhr 1969 auf über 150 Mill. t jährlich stieg. Für 1980 wird eine Zunahme der Importe auf 480 Mill. t vorausgesagt — das wären dann fast 40 Prozent des erwarteten Verbrauchs von 1 200 Mill. t[33].

Nun wird allerdings darauf hingewiesen, daß das Absinken der Erdölpreise eben schon vor der offiziellen Einführung der US-Kontingente eingesetzt hat. Tatsächlich haben aber auch die Bemühungen um eine „freiwillige" Einfuhrrestriktion schon mindestens mit dem „Spezialbericht" der US-Behörden im Juli 1957 begonnen. Wiederum bestand Anfang der fünfziger Jahre noch keine Tendenz zur Entstehung starker Überschußmengen auf dem Weltmarkt: 1950 trieb der Koreakrieg die Ölpreise und Tankerfrachten hinauf, 1951 bis 1954 fiel der Iran als Exporteur aus, und Ende 1956 setzte die Suezkrise ein, die den ganzen Nahostexport stoppte. Somit kam es zunächst noch nicht zu einer „Schwemme".

Tatsache bleibt, daß die USA-Nachfrage für die Mengen- wie für die Preisentwicklung auf dem Weltmarkt entscheidend ist, und daß der USA-Protektionismus, verstärkt von eigenen protektionistischen Experimenten der Europäer, den Erdölpreis nachhaltig beeinflussen mußte.

Dabei waren noch zwei weitere Bereiche der US-Energiepolitik von wesentlicher Bedeutung für die Weltentwicklung: Einmal die Steuerpolitik, zum anderen die Politik im Erdgasbereich. 1949 hatte Saudi-Arabien — angeregt durch die venezolanischen Forderungen — einen Anteil von 50 Prozent an den Aramco-Gewinnen verlangt. Nach langem Hin und Her willigten die Konzerne auf Vorschlag der US-Regierung in diese Forderung ein, die in Form von Abgabeerhöhungen erfüllt wurde — wobei ihnen die US-Regierung gestattete, diese

Abgaben von ihrer inneramerikanischen Steuerlast wieder abzusetzen. Andere folgten: die britische Regierung räumte als erste den dortigen Konzernen — BP und Shell — solche Steuerabsetzungsmöglichkeiten ein[34].

All das förderte die Hochhaltung des starren Preisgefüges auf dem Weltmarkt. Die Gesellschaften machten ihre Gewinne in der Produktion, wo sie von der Steuer absetzbar waren und verkauften ihren eigenen Raffinerien in Europa das Erdöl so teuer, daß dort keine Gewinne entstehen konnten — womit sie der Gewinnbesteuerung auf dieser Stufe entgingen. Die hohen Rohölpreise wirkten sich besonders belastend für die Dritte Welt aus. Andererseits wurde jedoch auch der Steuerzahler in den Industrieländern dreifach getroffen: Einmal durch den Steuerverzicht des Staates, zum zweiten durch überhöhte Energiepreise, zum dritten, weil er den armen Ländern mehr Hilfe leisten mußte. Hinzu kamen die Zahlungsbilanzschwierigkeiten in diesen Ländern und in Großbritannien.

Die Erdgaspolitik der USA wirkte uneinheitlich. Einmal hatte das billige Erdgas die US-Industrie den künstlich hochgehaltenen Rohölpreis etwas verschmerzen lassen. 1967 beruhte fast ein Drittel der inneramerikanischen Energieversorgung auf Erdgas, während es 1947 noch 14 Prozent gewesen waren. Dann aber stagnierte die Förderung. 1970 verbrauchten die Amerikaner 670 Milliarden Kubikmeter; wenn es so weiterginge, wäre der „sichere" Erdgasvorrat in zehn Jahren erschöpft. Dieser hohe Verbrauch wird nun allerdings auf die Tatsache zurückgeführt, daß die US-Energie-Kommission die Festpreise niedrig hielt und damit Investitionen für die Erschließung uninteressant machte.

Auf jeden Fall rechnet man heute mit einem Gas-Defizit von 15 Prozent für 1975 und 50 Prozent für 1985[35]. Käufe von Methangas in Algerien — das man den Europäern wegschnappte — waren nur ein Tropfen auf den heißen Stein. Das Alaska-Erdgas-Reservoir entspricht dem Verbrauch eines Jahres; auch dies war ein Faktor, der dazu beitrug, daß die USA in den siebziger Jahren auf den Welterdölmarkt zurückgestoßen wurden, womit der Weg für die Forderungen der Produzentenländer geebnet wurde.

Die protektionistische Politik der USA stellt den Übergang zu der der reinen Verbraucherländer dar. Die führenden Verbraucherländer gelangen zu einer protektionistischen Politik bei dem Versuch, ihre eigenen Energieträger zu schützen — wobei die Förderkosten der Kohle haushoch über denen des Öls liegen. Sieht man von den staatlichen Abgaben ab, dann liegen die günstigsten Preise für anderthalb Tonnen Kohle, die einer Tonne Erdöl entsprechen, bei 12.45 Dollar — nach Angaben von Lord Robens vom Britischen National Coal Board für 1967[36].

Das war mindestens immer noch das Fünfzigfache (wenn nicht Hundertfache) der Förderkosten (einschließlich Prospektion, Leitung zur Küste usw.) von arabischem oder iranischem Rohöl, wenngleich sich der Preis für schweres Heizöl in Rotterdam um diese Zeit ungefähr auf der Höhe von 12 Dollar bewegte. Nur ein wenig Unterbietung genügte also, um die Kohle vom Markt zu vertreiben.

Die Aufrechterhaltung der Kohlenförderung im bisherigen Umfang ließ sich ökonomisch rational in den Jahren der Ölschwemme nur mit langfristigen Erwägungen rechtfertigen. Diese waren dreifacher Art: An erster Stelle stand die Frage nach der Versorgungssicherheit — das Erdöl wurde aus dem Pulverfaß Mittelosten bezogen, das immer wieder explodieren konnte. Zweitens: Man mußte befürchten, daß Produzentenländer und internationale Konzerne die Preise laufend erhöhen würden, sobald einmal die Kohle ganz aus dem Markt verdrängt wäre; das war das alte Argument der Monopolfurcht. Und drittens — eine Argumentation, die in den siebziger Jahren durch die Veröffentlichungen des „Club of Rome" populär werden sollte — meinten viele Beobachter, daß irgendwann zu Beginn des 21. Jahrhunderts Erdöl knapp werden würde, so daß man es sich nicht erlauben könnte, die Kohlengruben „absaufen" zu lassen.

Tatsache bleibt, daß sich die großen Importländer — allenfalls abgesehen von Japan und Italien — aus diesen Gründen sowie aus sozialer Rücksichtnahme auf ihren Bergbau zu allerlei protektionistischen Maßnahmen entschlossen. Wir können hier nur die Grundprinzipien dieser Maßnahmen skizzieren. Die erste Verteidigungslinie in den Kohleländern war die Besteuerung des schweren Heizöls, mit der Begründung, daß dieses Nebenprodukt einer Art „Dumping"-Preiskalkulation unterliege. Die Steuer machte — außer in Italien — anfangs nur wenige Prozent aus. Von 1959 an kletterte sie in Belgien und Deutschland z. B. auf rund ein Viertel des Kartellpreises, der in beiden Ländern von etwa 140 DM pro Tonne auf dem Höhepunkt 1956/57 bis 1959 auf 80 DM und darunter abgesackt war. Aber Kartellpreis wie Steuer wurden in den frühen sechziger Jahren durch Rabatte unterwandert, die den Anteil der Besteuerung in Deutschland, Belgien und Italien auf fast 50 Prozent und darüber brachten[37].

Die zweite Verteidigungslinie — die Vielzahl von direkten und indirekten Subventionsmaßnahmen — diente dazu, die Kohlebasis, vor allem bei den Kraftwerken, weitgehend zu erhalten.

Die dritte Verteidigungslinie war die des geordneten Rückzugs: die schrittweise Schließung der kostenungünstigen Gruben. Hier allerdings ist die Planung konstant hinter der Realität zurückgeblieben; der Rückzug mußte schneller vor sich gehen, als man zunächst angenommen hatte.

III. Die Ursachen der Erdölkrise 1971—1974

1. Die Politik der großen Konzerne seit Ende des Zweiten Weltkrieges

Man kann die Politik der großen Konzerne seit 1945 etwa wie folgt zusammenfassen: Ihr Kartell hatte den Markt bis in den Zweiten Weltkrieg hinein beherrscht. Während des Krieges und unmittelbar danach wurde ihr Instrument, das Frachtenbasissystem „Preis Golf von Mexiko plus" vor allem durch amerikanischen staatlichen Druck gebrochen. Der Preis sank um mehr als ein Viertel. Höhere Steuerforderungen Venezuelas und Saudi-Arabiens gaben den Anstoß zu einem neuen System, in dem die Konzerne vom Steuerzahler ihrer Heimatländer entschädigt wurden.

1953 und 1957 ging vom amerikanischen Erdölmarkt eine Art Preisführersignal aus, das zur Wiederanhebung der Preise etwa auf das Niveau von 1948 führte — um 20 Prozent für arabisches, um 30 Prozent für venezolanisches Öl. Diese Aufwärtsbewegung wurde getragen von einem „Oligopol plus staatlicher Wettbewerbsblockierung", wobei letztere teils durch de-facto Importbeschränkungen, teils durch Einfrieren der Konzessionen in Förderländern erfolgte. Untermauert wurde die Aufwärtsbewegung durch den Ausfall des Iran, den Suez-Krieg und die beginnende Kohleprotektion in Westeuropa. „Die unmittelbaren Wirkungen staatlicher Aktionen werden multipliziert durch die Untermauerung der Abneigung der Erdölwirtschaft gegen Wettbewerb"[38].

Dennoch kam es ab 1957 zum Zusammenbruch des Preisgefüges. Dies geschah teils unter dem Druck der Tatsache, daß ein Riesenabstand von 1 : 10 oder gar 1 : 20 zwischen Kosten und Preisen klaffte, ferner infolge der USA-Importsperre, des Ausscherens einzelner Oligopolisten wie BP und CFP und — vielleicht — auch des Auftauchens von Unabhängigen, vor allem in Libyen. Die durchschnittlichen Rohöleinfuhrpreise (cif) fielen im Europa der Sechs vom Höhepunkt 1957 (28,4 Dollar pro Tonne) bis zum Tiefpunkt 1966 (15,3 Dollar pro Tonne) um rund zwei Fünftel — in Deutschland noch stärker, in Belgien fast auf die Hälfte[39].

Das Oligopol war in normalen Zeiten stark genug, um Preissenkungen zu verhindern; von 1957 bis 1967 war es zu schwach. Libysche Steuererhöhungen und der neue Israelkrieg 1967 ließen es auf höhere Preise hoffen — zunächst vergeblich. Erst der seit 1970 einsetzende Druck der Förderländer sollte das Blatt hin zu neuen Preissteigerungen wenden.

2. Kosten und Gewinne

Die nüchternen Kostenunterlagen sprechen eine beredte Sprache. Die Produktionskosten pro Barrel Saudi-Öl fielen von 19 cents 1963 auf 2.1 cents 1968 — bei einem konstanten „Posted Price" von 1.8 Dollar. Bei iranischem Öl wurden die Kapitalkosten für 1963 bis 69 auf 4.7, die laufenden Betriebskosten für 1967 bis 69 auf 5 cents veranschlagt. Unter der Annahme, daß keine neuen Felder entdeckt werden, schätzt man für 1985 die ersteren auf 8.9, die letzteren auf 6.4 cents. Demgegenüber betrugen die Betriebskosten pro Bohrturm in den USA in den frühen sechziger Jahren rund 20 cents pro Barrel; dazu dürfte dort dann noch mindestens ebensoviel an Verteilungskosten hinzukommen[40].

Adelman kommt nun nach detaillierten Untersuchungen zu einem Begriff der „langfristigen Entwicklungs- und Betriebskosten" pro Barrel (siehe Tabelle 4 des Anhangs). Im Hinblick auf ihre Abnehmerländer kommen für Venezuela und die afrikanischen Länder noch Frachtvorteile im Vergleich zum Persischen Golf hinzu, die von 26 cents (bei Nigeria) bis 42 cents (bei Venezuela) reichen[41].

Der Frachtfaktor ist schwer abzuschätzen, weil die Tagesfrachten stark schwanken und die Tankschiffahrt eigenen Zyklen unterliegt. Die Charterfrachten vom Persischen Golf nach Rotterdam sanken in den sechziger Jahren (bis 1967) von 60 auf 50 cents pro Barrel, erreichten dann anfangs der siebziger Jahre allerdings 130 cents, und man rechnete vor der Erdölkrise bis 1977/79 wieder mit einem Absinken auf das Niveau der sechziger Jahre[42]. In der Zwischenzeit ergab sich angesichts der Verbrauchsdrosselung durch die hohen OPEC-Preise ein rapider Abfall der Frachten mit Massenstillegungen von Tankern.

Die Frage nach der Höhe der Konzerngewinne ist sehr viel schwerer zu klären. Sicher ist eines: Sie werden in der Produktions-, nicht in der Raffinerie- oder Verteilungssphäre erzielt. Insbesondere für die konzerneigenen Raffinerien in Europa werden geringe Gewinne, in Italien seit Jahren schon Verluste ausgewiesen. Die komplizierte „Netback"-Kalkulation der Konzerne fördert nicht die Übersichtlichkeit. Zudem sind die hohen Verbrauchssteuern eine Art Gewinnbeteiligung der Staaten in den Konsumländern, deren Höhe erst in neuester Zeit von den Steuern und Abgaben der Förderländer erreicht wurden.

Adelman rechnet schon in die Durchschnittskosten von 10 cents pro Barrel in den Konzessionen am Persischen Golf einen zwanzigprozentigen „Normalgewinn" ein. Vom gesamten Bruttogewinn beim Verkauf fob Persischer Golf entfielen nach seiner Ansicht 1967 17, nach der anderer Ökonomen 26 Prozent auf die Konzerne — also weit weniger als bei der in Venezuela und Iran um 1950 umkämpften Formel „fifty-fifty". Allerdings betont der gleiche Autor, daß Abgabensteigerungen stets etwas von den Preissteigerungen überholt werden. Ein cent Überholungsgewinn dieser Art pro Barrel bedeutet für die US-Gesellschaften bei ihrem Umsatz von 1971 64 Millionen Dollar Gewinne — was die neuerliche Gewinnexplosion bei den Konzernen erklären dürfte. Für Großbritannien ergaben sich beispielsweise im Februar 1971 Abgabensteigerungen von 28 cents pro Barrel, die zu Preissteigerungen von 42 cents führten — wenn das für alle Konzerne so war, dann hätte das 900 Millionen Dollar Gewinn gebracht[43].

3. Die großen Konferenzen von Teheran bis New York (1971/72)

Im Anschluß an die Preissenkungen Ende der fünfziger Jahre war 1960 die OPEC, die Organisation erdölexportierender Länder, entstanden. Man kann die Initiative dieser Organisation und ihrer arabischen Filiale — OAPEC —, die nun in den siebziger Jahren anlief, als eine Reaktion auf mehr als ein Jahrzehnt von Preissenkungen werten, die noch durch das steigende Weltpreisniveau und die Dollarentwertung verschärft worden war.

Drei Faktoren ließen die Gelegenheit günstig erscheinen. 1968—70 war ein rapider und weltweiter Aufschwung in Gang gekommen, der durch die amerikanische Vietnam-Inflation angeheizt wurde. Dem entsprachen die Wachstumsraten im Erdölverbrauch: In Europa betrugen sie zwischen 1965 und 1970 10 Prozent pro Jahr, in Japan sogar 18,5. 1969/70 hielt sich die Wachstumsrate in Japan mit 18 Prozent, in Europa stieg sie noch auf 11,2. Gleichzeitig war eine Verknappung an schwerem Heizöl entstanden, weil Raffineriekapazitäten fehlten, vor allem in den USA für Heizöl mit geringem Schwefelgehalt. Außerdem waren schon

1970 die Tankerraten kräftig angestiegen und lagen im Mai um 30 Prozent über denen des Jahres 1969[44].

In Libyen erzwang die Regierung Produktionseinschränkungen, um höhere Abgaben durchzusetzen. Dazu sperrte Syrien im Mai die arabische „Tapline". Die Tankerraten schnellten bis Ende 1970 auf fast das Doppelte von 1969 hinauf. Und nun präsentierte das Quasi-Kartell der OPEC-Staaten unter Führung des Schahs seine Rechnung. Mit ihnen verhandelten in Teheran fünfzehn Konzerne, von denen die amerikanischen ausdrücklich die Erlaubnis von ihrer Regierung zur Kartellbildung erhalten hatten. Nach einem Ultimatum der OPEC wurden Mitte Februar 1971 starke Abgabeerhöhungen plus Rabattstreichungen vereinbart. Im April des Jahres erreichte dann Libyen in Tripolis noch stärkere Anhebungen, und schließlich wurden Anfang 1972 in Genf die Inflationszuschläge von Teheran (2,5 %) auf 11 Prozent angehoben[45].

Das Ergebnis all dieser Verhandlungen war gegenüber August 1970 bis Juni 1971 eine Anhebung der Listenpreise im Persischen Golf von 1,7 auf 2,3 Dollar, im Mittelmeerraum von 2,2 auf 3,2 — 3,5 Dollar. Der Durchschnittspreis pro Barrel stieg gegen 1969 auf das Eineinhalbfache; die Heizölpreise waren dann Mitte 1970 in Rotterdam auf das Zweieinhalbfache gestiegen. Die Förderstaaten kassierten 4 Mrd. Dollar mehr, rund 12 Mrd. insgesamt; bis 1975 sind ihre Einnahmen auf 20, bis 1980 auf 40 Mrd. programmiert[46].

Warum hatten sich die Verbrauchernationen das bieten lassen? Hören wir Adelman, einen unverdächtigen, weil amerikanischen Zeugen: „Ohne die aktive Unterstützung der USA hätte die OPEC nie viel erreicht. Als die ersten libyschen Produktionsdrosselungsvorschriften kamen, hätten die USA die Ölgesellschaften leicht zu einem Gegenseitigkeits-Versicherungssystem bringen können, wonach jede Gesellschaft, die schließen mußte, Öl von den anderen bekam . . . Bankkonten im Ausland hätten als Vergeltungsmaßnahme eingefroren werden können. Der Wendepunkt kam am 16. 1.; die USA riefen in Paris die OECD-Nationen zusammen. Die amerikanischen Vertreter und die Ölgesellschaften versicherten ihnen, wenn sie sich nicht wehren würden, könnten sie mindestens für fünf Jahre auf Lieferungen zu stabilen oder nur leicht steigenden Preisen rechnen. Der OECD-Sprecher lobte das Angebot der Gesellschaften und wollte gar nicht erst ausrechnen, was es die Länder kosten würde. So offenbarten die Verbraucherländer, daß sie keinerlei Pläne für Rationierung oder Kooperation hatten. Vor dem 20. 1. hatte eine offene Drohung wenig Glaubwürdigkeit.
Nach der Kapitulation wurden Drohungen glaubhaft und oft Realität". Dabei war der erste, der nach Adelman von der Gefahr eines Embargos sprach, der US-Unterstaatssekretär Irwin. „Das erklärt

vielleicht, warum der Schah kurz darauf mit einem Boykott (out-off) drohte. Am Tage nach Teheran bewahrten andere Hauptstädte ein düsteres Schweigen, aber Präsident Nixon sagte, er freue sich".[47]

Wie war das zu erklären? Einmal steckte dahinter die Tatsache, daß die Gesellschaften nun die Preise stärker anheben konnten; sie bekamen ohnehin zu Hause die Abgaben von der Steuer abgesetzt. Zudem hatte Amerika einen dringenden Heizölbedarf. Nach langer Stagnation war der Heizölverbrauch 1969 und 1970 um je 10 Prozent hinaufgeschnellt. Von 1970/71 an stagnierte die Erdgasproduktion in den USA — genau wie die Erdölförderung — auf dem Niveau von 61 Mrd. Kubikfuß, die Erdölförderung auf 11 Millionen Barrel pro Tag, und die Erdöl-Einfuhr aus arabischen Staaten nahm zu (in 1 000 Barrrel pro Tag: 1971: 323, 1972: 503, 1973: 1. Hälfte: 800). Die Interessen der amerikanischen Ölproduzenten geboten eine Hochhaltung der Preise; die US-Industrie nahm sie hin, zumal damit gleichzeitig den Europäern, die solange einen Wettbewerbsvorsprung durch billiges Öl hatten, der „Ölkorb" höher gehängt wurde. 1973 sollten die USA ihren Rohölimport um 46 Prozent ausweiten; im Frühjahr waren die Restriktionen aufgehoben worden. Die Raffinerien, an denen es mangelte, wurden erst danach ausgebaut[48]. Nun war die Erdölschwemme für die Welt endgültig zu Ende, denn der USA-Markt stand jetzt offen. Damit war die Bühne bereitet für eine neue Attacke der Förderländer, die jetzt keine Absatzsorgen mehr hatten.

Ein Präludium dazu war das Abkommen von New York von 1972. In ihm wurde festgelegt, daß die Förderländer bis 1984 51 Prozent der Eigentumsrechte an den Gesellschaften in ihrem Land bekommen sollten. Inzwischen ist auch dieses Abkommen überholt: Selbst konservative Länder wie Kuwait und Saudi-Arabien haben die Eigentumsrechte voll übernommen.

4. Die Erdölkrise 1973/74: Liefersperre alias Preisexplosion?

Als im Oktober 1973 der vierte Israelkrieg ausbrach, wurde die „Erdölwaffe" von den Arabern nicht zum ersten Mal angewandt; in schüchternem Umfang war dies bereits 1956 und 1967 geschehen. Allein diesmal führte der Krieg zu einer echten Solidarität, die auch deshalb Erfolg hatte, weil sie in eine bereits laufende Weltinflation hineinstieß. Zu Kriegsanfang nationalisierte der Irak die Exxon-, Shell- und Mobil-Anteile an der Basrah-Gesellschaft. Dann fiel die „Tapline" durch Syrien nach Bombardement aus, und Tanker wagten sich kaum mehr an die syrische Küste. Am 16. 10. beschloß die OPEC in Kuwait eine Ölpreissteigerung um 70 Prozent auf 3.65 Dollar pro Barrel; der Listenpreis sollte 40 Prozent darüber liegen. Damit war man bei der direkten Preisfestsetzung durch die

Förderstaaten angelangt. Hinzu kam der Beschluß der Araber vom 16. 8., die Ölförderung jeden Monat um 5 Prozent zu senken; Saudi-Arabien führte mit 10 Prozent Reduktion. Gleichzeitig wurde das Embargo über Israelfreunde, wie die USA und Holland, verhängt[49].

Tatsächlich wurde die Förderung bis Dezember auf der arabischen Halbinsel und in Libyen um rund 20 Prozent gedrosselt; nur der Irak machte nicht mit, und der Iran wie Nigeria steigerten die Erzeugung um rund ein Zehntel. Das Ergebnis bis zu den ersten Monaten des Jahres 1974 war, nach OECD-Berechnungen, daß die arabische Förderung auf ihrem Tiefpunkt im Dezember 1973 gegenüber September um fast ein Viertel zurückging, dann aber wieder anstieg. Ungefähr die Hälfte des Defizits wurde jedoch Anfang 1974 durch andere Exportländer wettgemacht; das Gesamtergebnis war eine Drosselung im ersten Quartal 1974 gegenüber September von nur etwa 3—4 Prozent. Da aber die Welterdölförderung z. B. 1972 um 9 Prozent, die des Nahen Ostens (außer Kuwait) um 20 bis 30 Prozent gewachsen war, bedeutete eine solche Schrumpfung für das letzte Quartal 1973 und das erste 1974 doch gut und gern etwa 15—20 Prozent Minus gegenüber der Normalförderung[50].

Die Erdölkonzerne suchten diese Knappheit auf alle Kunden zu verteilen, wobei sie allerdings die mit niedrigen Preisen (wie Italien) von der Belieferung ausnahmen und die mit freier Preisbildung (wie die Bundesrepublik), wo sie am meisten verdienen konnten, bevorzugten.

Die Ausgleichspolitik der Konzerne wurde zudem von den Staaten übelgenommen, die von den Arabern zu „Freunden“ erklärt worden waren, wie Frankreich und Großbritannien. Beide versuchten ihr Heil in bilateralen Verhandlungen; die Franzosen wollten sehr hohe Preise langfristig zahlen und die Briten boten Tauschgeschäfte mit dem Iran an. Großbritannien wurde vom Bergarbeiterstreik hart getroffen; die Saudis lieferten ihnen deshalb 200000 Barrel pro Tag. Zu einer einheitlichen Haltung der europäischen Regierungen kam es nicht[51].

Außer in Frankreich wurden in den meisten Ländern Sonntagsfahrverbote verhängt und Geschwindigkeitsbegrenzungen vorgeschrieben; eine Rationierung bei Benzin bereiteten lediglich die Niederländer vor. Angebracht gewesen wäre sie bei leichtem Heizöl und Dieselöl, da die Verbraucher in Panik häufig mehr als normal einlagerten. Die Verknappung schlug sich in besonders scharfen Preissteigerungen bei Dieselöl nieder. Diese trafen paradoxerweise gerade solche Verbraucher, die keine Mineralölsteuer zahlten, wie die Binnenschiffahrt auf dem Rhein und den (gemeinwirtschaftlichen) städtischen Verkehr in der Bundesrepublik. Hier, wo vorher erhebliche Rabatte gegolten hatten, stiegen die Effektivpreise zeitweilig bis auf das Vierfache[52].

Um die Jahreswende 1974/75 ergibt

sich ein einigermaßen klares Bild über die Entwicklung der Rohöleinfuhr aus Drittländern in die EG. Im ersten Monat der Ölkrise war lediglich in Belgien ein stärkerer Rückgang der Rohöleinfuhr in Höhe von 13 Prozent zu verzeichnen gewesen; in Dänemark belief er sich gegenüber September auf nicht ganz 5 Prozent. Erst im November schrumpften die Importe allgemein stärker: in Dänemark um rund ein Drittel; in der Bundesrepublik, Großbritannien und Italien um 7 Prozent gegenüber September. Dafür steigerten aber Frankreich (+ 10 %) und Belgien (+ 7 %) ihre Importe gegenüber September.

Im Dezember blieben die Importe in Italien und Belgien auf dem September-Niveau; das bedeutete im erstgenannten Lande eine Zunahme um fast 10 Prozent gegenüber dem Vormonat. Großbritannien und die Bundesrepublik blieben im Dezember um 7, Frankreich um 5 Prozent unter dem Septemberniveau, was allerdings in Frankreich einen Rückgang um rund ein Sechstel gegenüber dem Vormonat bedeutete. Noch krasser sackten die Importe in den Niederlanden ab, nämlich um mehr als zwei Fünftel gegenüber Dezember. Auch die dänischen Importe gingen gegenüber November nochmals um 15 Prozent zurück und lagen damit bei 57 Prozent der Einfuhren vom September. In dieser ungleichmäßigen Entwicklung kam die mangelnde Solidarität der europäischen Länder zum Ausdruck.

Auch schon in den Monaten bis November 1974 ist die Entwicklung ungleichmäßig verlaufen. In diesen ersten zehn Monaten blieben die Importe in Großbritannien (–2,1 %) und Frankreich (–5,2 %) nur geringfügig hinter denen der gleichen Vorjahreszeit zurück; das erklärt sich für Großbritannien allerdings aus der Tatsache, daß die Einfuhr bis Juni infolge des Bergarbeiterstreiks übernormal gesteigert wurde. Überraschenderweise zeigt auch Italien, bei dem Ziffern lediglich bis Juli vorliegen, einen Rückgang von nur 3 Prozent gegenüber der gleichen Vorjahreszeit.

Demgegenüber hat die Bundesrepublik im Zeitraum Januar—November gegenüber dem Vorjahr einen Rückgang der Importe von 7,2 Prozent aufzuweisen. In den Niederlanden erreicht dieser Rückgang 12,7 Prozent, in Dänemark 10,6 Prozent und in Belgien bis Oktober 20,7 Prozent[53]. Die Rohölverarbeitung in den Raffinerien hat sich analog entwickelt; sie ist allerdings in den Niederlanden etwas stärker gesunken als die Rohöleinfuhr (—13,5 %) und in Dänemark erheblich schwächer (— 6,2 %). Im November lag die Nettoproduktenerzeugung in den Raffinerien der Bundesrepublik und Frankreichs um rund ein Zehntel, in denen der Niederlande um rund 7 % unter der vom Oktober 1973.

Betrachtet man die einzelnen Produkte, so hat der Verbrauch an schwerem Heizöl am stärksten abgenommen. Im ersten Halbjahr lagen die Inlandslieferungen in den Niederlanden und Belgien um fast ein Drittel unter denen der gleichen Vorjahreszeit, in der Bundesrepublik und Dänemark um ein Fünftel und in Großbritannien um ein Zehntel. Bei Dieselöl und leichtem Heizöl betrug der Rückgang 30,5 Prozent in Dänemark, ein Viertel in den Niederlanden, 19 Prozent in der Bundesrepublik, 14 Prozent in Belgien/Luxemburg und jeweils ein Zehntel in Großbritannien und Frankreich.

Sehr viel weniger elastisch reagierte der Markt für Benzin: Hier gab es größere Schrumpfungen im ersten Halbjahr, in Dänemark (— 26,4 %) und den Niederlanden (— 16 %). Eine Verringerung von 5 bis 6 Prozent gegenüber der gleichen Vorjahreszeit war in Belgien, Großbritannien und der Bundesrepublik zu verzeichnen; in Frankreich betrug der Rückgang nur 3 Prozent.

Bei Flugzeugtreibstoff pendelte sich der Rückgang zwischen 13 und 15 Prozent in Dänemark, Belgien und Großbritannien ein. Vier Prozent weniger Treibstoff wurde in der Bundesrepublik und den Niederlanden verbraucht, während der Verbrauch auf diesem Sektor in Frankreich sogar um 3,5 Prozent anstieg[54].

Die bisher vorliegenden Schätzungen für die zweite Hälfte des Jahres 1974 lassen erkennen, daß diese Drosselung bei Benzin in den Ländern mit geringeren Einfuhreinbußen bis zum nächsten Jahr weitgehend ausgeglichen sein dürfte. Im großen und ganzen hat die Preissteigerung bei den mehr industriell verwendeten Produkten rationalisierend gewirkt. Dennoch dürfte ohne bewußte Rationalisierungsmaßnahmen speziell in der Bauwirtschaft auf die Dauer nicht damit zu rechnen sein, daß eine starke Drosselung des Verbrauchs von den Kräften des Marktes selbst ausgeht.

All das aber sind die unmittelbaren Konsequenzen. Die mittelbaren erweisen sich als sehr viel schwerwiegender. Da ist zunächst das Zahlungsbilanzdefizit, das Länder wie Italien und Großbritannien (mit 9—10 Mrd. Dollar 1974) arg trifft, daneben aber auch araberfreundliche Länder, wie Frankreich (Defizit 1974: ca. 6,2 Mrd. Dollar), und am schlimmsten viele Entwicklungsländer (zusammen ca. 10 Mrd. Dollar Defizit). Man rechnet mit einer Mehrbelastung der OECD-Verbrauchernationen um rund 55 Milliarden Dollar, wovon die Lieferländer bestenfalls 12 Milliarden für zusätzliche Käufe mehr aufwenden, die sie sonst nicht tätigen würden.

Weitere 35 Milliarden werden also auf dem kurzfristigen Geldmarkt zirkulieren, mehr oder weniger als „hot money" — das ist etwa ein Drittel der gesamten Gold- und Devisenreserven der westlichen Welt zusammengenommen. Gelingt es nicht, diese Beträge langfristig anzulegen, droht den Schuldnerländern der Bankrott. Die großen Banken versuchen, eine solche langfristige Anlage durch Senkung der kurzfristigen Zinsen zu fördern[65]. Berechnungen Anfang 1975 lassen erkennen, daß die Ölförderländer doch mehr gekauft haben, als man vermutete, so daß die Zahlungsbilanzdefizite der Verbraucherländer und der Weltdeflationseffekt doch milder ausfallen.

Die weiteren Konsequenzen sind vielleicht noch problematischer. Überall dort, wo große Investitionsanstrengungen zur Entwicklung einer eigenen Erdölbasis unternommen werden und neue Hochkosten-Erzeugerinteressen entstehen, besteht die Gefahr, daß die Förderländer, insbesondere des Nahen Ostens, durch eine Art „Variationsstrategie" bei den Preisen, d. h. durch zeitweiliges Heruntergehen unter das Alternativniveau, solche Investitionen unrentabel erscheinen lassen und „sprengen" könnten. So wurde beispielsweise im Rahmen der amerikanischen Energie-Administration die Befürchtung laut, daß die 600 Milliarden Dollar, die man für das Programm „Unabhängigkeit" („Independence") aufwenden müßte, in den Wind geschrieben wären, wenn die Araber einen Barrel-Preis von etwa 10 Dollar, wie er zu erwarten sei, immer leicht unterbieten würden. Andere Voraussagen rechnen bereits mit niedrigeren Preisen von etwa 6 Dollar pro Barrel.

Milton Friedman hat Anfang 1975 sogar prophezeit, der Preis würde auf 3 Dollar pro Barrel sinken. Damit werden die Voraussagen von Adelman aktuell, der in den Nationalisierungen den Hauptgrund sah, warum eines Tages das OPEC-Kartell unter dem Druck geheimer Preisnachlässe zusammenbrechen müßte. Diese Prognosen waren für US-Außenminister Kissinger Anfang 1975 der Anlaß, eine Mindestpreisgarantie im Austausch gegen OPEC-Preisnachlässe anzuvisieren. Die Amerikaner scheinen dabei an einen Mindestpreis von 7 bis 8 Dollar, die übrigen Verbraucherländer — soweit sie dazu neigen — an einen Preis von 4,5 Dollar pro Barrel zu denken.

Bisher scheinen die Araber noch weit von jeder Bereitschaft entfernt zu sein, die Preise zu senken. Man will sich darum bemühen, die niedrigeren Preise beim von den Konzernen selbst verkauften „concession oil" und die höheren beim „participation oil", dem Anteilsöl der Förderländer, das diese an die Konzerne weiterverkaufen, auf dem Niveau von etwa 9,5 Dollar pro Barrel zu vereinheitlichen. Inzwischen hatten allerdings im September 1974 in Wien die Förderländer zunächst beschlossen, den bisherigen hohen Ölpreis durch Indexierung ab 1. Juli 1975 an die Weltinflation anzuhängen. Damit könnte das Erdöl-Staatenkartell zu einem der unmittelbaren Garanten der Weltinflation werden, wenn nicht die sich ansammelnden Vorräte in überfüllten Lagertanks in aller Welt bald einen Strich durch die Rechnung machen. Unter dem Druck starker Umsatzrückgänge (Libyen —50 %, Abu Dhabi —70 % Anfang 1975) haben sich die betroffenen Länder schon zu leichten Preissenkungen durchgerungen.[56]

IV. Gemeinwirtschaft und Erdöl

1. Die gemeinwirtschaftliche Komponente in Großbritannien: Die „Anglo-Iranian"/ British Petroleum Company (BP)

Die heutige „British Petroleum Company" ist 1913 entstanden und damit die älteste der Gesellschaften von internationaler Bedeutung, die der öffentlichen Wirtschaft zugerechnet werden könnte[57]. Unter dem Namen „Anglo-Persian" ist die Gesellschaft aus einer Verschmelzung der britischen Interessen im damaligen Persien, dem späteren Iran, hervorgegangen. Die Briten waren in Persien schon seit Beginn des 19. Jahrhunderts an Schürfungen beteiligt; ein Abenteurer, d'Arcy, hatte die Rechte dazu gewissermaßen für ein „Bakschisch" vom Schah erworben, und seine „D'Arcy Exploration Company" bot dann die Basis für die neue Gesellschaft.

In Persien erwarb die britische Admiralität aus militärischen Gründen die ersten Anteile. Später hatte der britische Staat 55 Prozent des Kapitals inne, wobei dieser Anteil sich 1975 noch auf etwa 48 Prozent belief. Inzwischen ist um die Jahreswende 1974/75 der Anteil der Burmah-Ölgesellschaft mit weiteren 21,5 % an die Bank of England verpfändet worden und damit praktisch in die Hände des britischen Staates übergegangen[58]. Damit kann man heute die Staatseinflüsse als überwiegend bezeichnen. Das internationale Gebaren der Gesellschaft zeigte dennoch bisher nach außen ähnliche Züge wie die anderen großen „sieben Schwestern".

Der Schwerpunkt der Erdölfelder der Gesellschaft lag zunächst in Persien, hauptsächlich im Südwesten an der irakischen Grenze. Die Gesellschaft baute ihre eigene Tankerflotte und errichtete eine für die damalige Zeit riesige Raffinerie in Abadan am Persischen Golf; die Raffinerie sollte vor allem der Versorgung der britischen Kriegsflotte dienen.

Die Gesellschaft erwarb dann in den zwanziger Jahren Beteiligungen im Halbinsel-Fürstentum Qatar am Persischen Golf, weitere Beteiligungen im Irak, baute aber vor allem ihren Anteil an dem riesigen Ölfleck aus, den das kleine Fürstentum Kuwait am Ende des Golfes besaß — hier zusammen mit der amerikanischen „Gulf Oil". Diese Ölrechte auf den reichsten Feldern des damaligen Nahen Ostens hatten eine lange Vorgeschichte.

Wenn die Anglo-Persian auf persischem Gebiet für Jahrzehnte die beherrschende Position inne hatte, so war dies im Bereich des alten ottomanischen Reiches nicht der Fall. Hier war zunächst 1911 ein Konsortium zum Abbau von Ölvorkommen entstanden, die „Turkish Petroleum Company", an der die Türkische Nationalbank (allerdings mit englischem Kapital) zur Hälfte, die Royal Dutch Shell sowie die Deutsche Bank je zu einem Viertel beteiligt gewesen waren. In der türkischen Nationalbank spielte hierbei ein Armenier namens Gulbenkian eine wesentliche Rolle. Die Anglo-Persian schaltete nun die britische Regierung ein und übernahm schließlich den Anteil der türkischen Nationalbank, während Gulbenkian mit 5 Prozent abgefunden wurde. 1915 wurde der Anteil der Deutschen Bank enteignet.

Immerhin war auf diese Weise die Anglo-Persian weit über die ursprüngliche gemeinwirtschaftliche Aufgabe der Versorgung der britischen Flotte hinausgeschritten. Es begann ein Kampf um die reichen irakischen Ölvorkommen, 1923 wurde der Irak offiziell zum unabhängigen Staat. Frankreich, im Bunde mit Gulbenkian, verlangte mit Erfolg einen Anteil an den beschlagnahmten Rechten der Deutschen Bank. Das Kapital der „Turkish Petroleum Company", die 1929 in die „Irak Petroleum Company" umgewandelt wurde, hatte schließlich folgende Aufteilung: 50 Prozent Anglo-Persian, 25 Prozent Shell, 25 Prozent Compagnie Française des Pétroles, wobei Gulbenkians 5 Prozent aus diesen Anteilen gleichmäßig entnommen wurden.

Schließlich erreichten die Amerikaner nach langem Hin und Her, daß ihnen die Anglo-Persian 1923 gegen eine Sonderprämie von 10 Prozent auf die Erdölförderung die Hälfte ihres Anteils abtrat. Damit war also immerhin ein erheblicher Anteil gemeinwirtschaftlich beeinflußter Unternehmen gegeben: BP und CFP behielten zusammen noch 47,5 Prozent der Anteile.

1927 war man im Großmaßstabe bei Kirkuk fündig geworden. Das beschleunigte das endgültige „Group Agreement" zwischen den verschiedenen Interessengruppen. Darin wurde mit einer „roten Linie" der gesamte Raum umrissen, innerhalb dessen die Interessengemeinschaft der verschiedenen Länder spielen sollte. Im asiatischen Teil der alten Türkei plus der gesamten arabischen Halbinsel — aber unter Ausklammerung des kleinen Kuwait — behielt die Anglo-Persian (neben der US-Gulf Oil) eine beherrschende Stellung. Es war sicher kein Zufall, daß von hier dereinst kartellstörende Tendenzen ausgehen sollten; zunächst allerdings noch in entgegengesetztem Sinn. So kritisierte die britische Admiralität die über dem Kartellpreis liegenden Preise und verlangte von der Gesellschaft, die Kartellregeln einzuhalten, d. h. auf das Nahostöl nur die Phantomfrachten ab Mexikanischem Golf aufzuschlagen. Das Unternehmen gab nur soweit nach, daß es auf den Preis vom Mexikanischen Golf herunterging.

Der Sündenfall war nun geschehen: Die Anglo-Persian, die einst für einen gemeinwirtschaftlichen Zweck angetreten war und in der die öffentliche Hand vorherrschte, war jetzt im Zusammenhang mit dem ebenfalls 1928 datierenden Abkommen von Achnacarry in einen weltweiten Kartellrahmen eingespannt.

Die Anglo-Iranian hatte bis zur Mitte des Jahrhunderts eine halbe Milliarde Pfund Sterling im Iran investiert. Nach dem Zweiten Weltkrieg wurde die Produktion im Rahmen eines großen Ausbeutungsprogramms von 1945 bis 1950 verdoppelt, nämlich von 16,8 auf 31,7 Mill. t. Die Kapazität der Raffinerie in Abadan wurde auf 25 Mill. t erweitert; sie wurde damit zeitweilig zur größten Raffinerie der Welt. Dann kam das erste Debakel; es brach ein Konflikt zwischen einer Gesellschaft aus, die in ihrem Heimatland unter gemeinwirtschaftlichen Vorzeichen angetreten war, und dem Gastland, dessen Interessen ebenfalls gemeinwirtschaftlicher Natur waren.

In Venezuela war die Aufteilung der Gewinne zwischen Fördergesellschaften und Gastland im Verhältnis 50:50 durchgesetzt worden. In Saudi-Arabien machten die Amerikaner in ihrer Aramco-Konsortialgesellschaft das gleiche Zugeständnis, und selbst das irakische Konsortium gab nach. Die Anglo-Iranian versteifte sich dagegen auf ihre alten Abkommen: danach bekam der Iran 1925 nur 10, noch 1950 praktisch nur 16 Prozent der Gesamtgewinne. Die Anglo-Iranian zahlte zum Beispiel an den Iran Abgaben und Steuern in Höhe von 45 Mill. Dollar, dagegen zuhause (sie hatte ihren Sitz in London) für das Jahr 1950 140 Mill. Dollar an den britischen Fiskus. Im Iran brach, wie schon oben angedeutet, ein Volksaufstand unter Führung von Mossadegh aus. Dieser proklamierte unter dem Beifall des Volkes die Nationalisierung. Technisch war sie ein Fehlschlag; 1952 wurde nur noch eine Million t Rohöl gefördert, verkauft wurden ganze 134 000 t. Die Anglo-Iranian ließ auf der ganzen Welt persisches Rohöl beschlagnahmen und boykottieren, ähnlich wie es einst die

Mexikaner bei ihrer Nationalisierung erlebt hatten.

Im August 1953 wurde Mossadegh durch einen Aufstand — wohl nicht ohne Zutun des CIA — vertrieben. Der Schah kehrte zurück, und ein gemäßigter Ministerpräsident, Zahedi, nahm die amerikanische Vermittlung an. Am 29. Oktober 1954 wurde ein Abkommen geschlossen, das sogar die Grundidee Mossadeghs formal unangetastet ließ: Die Iranische Erdöl-Nationalgesellschaft blieb Eigentümerin des Erdöls im Boden, aber die Gewinne aus dem Abbau, den ein Konsortium übernahm, wurden zwischen diesem und dem Iran nach dem Prinzip 50 : 50 geteilt. Auch im Hinblick auf die Gewinnverteilung konnten die Iraner sich durchsetzen.

Die eigentlichen Gewinner aber waren die Amerikaner, deren Vermittlung jedenfalls nicht uneigennützig war: Die Anglo-Iranian, die sich seit Ende 1954 „British Petroleum" nennt, behielt einen Anteil von 40 Prozent am Konsortium, die Shell bekam 14 Prozent, fünf große US-Konzerne (Exxon, Mobil, Texas, Gulf, California) je 7 Prozent, ein Konsortium kleinerer amerikanischer Unabhängiger 5 Prozent und die französische CFP 6 Prozent. Die gemeinwirtschaftlich beeinflußten Gesellschaften (die erstere und letztere) hatten jetzt nur noch 46 Prozent inne.

So endete eine Auseinandersetzung, die durchaus auf einen Kompromiß zwischen gemeinwirtschaftlichen Tendenzen im Verbraucher- bzw. Heimatland des Konzerns und im Förderland hätte abgestellt werden können, im Grunde mit einem Sieg des privatwirtschaftlichen Prinzips. Die iranische Förderung stieg 1955 auf 15, 1957 auf 30 Mill. t; zehn Jahre später wurde der Iran mit 130 Mill. t wieder zum ersten Förderland des Nahen Ostens. So blieb es bis 1972, als der Iran von Saudi-Arabien überholt wurde, um dann eine neue Chance durch den arabischen Boykott zu bekommen.

Inzwischen war aber eine zunächst wenig beachtete Nebenwirkung eingetreten. Die BP hatte während des Iran-Konfliktes ihre Förderung im kleinen Kuwait ungeheuer ausgedehnt; ihr US-Partner Gulf Oil mußte folgen. Hier entstand eine solche Erdölschwemme, daß Gulf Rohöl an die Shell abgeben mußte, weil die eigenen Raffinerien überfordert waren. Und von diesem Raum, der dem Kartell der „roten Linie" nicht zugeordnet war, sollte denn auch gegen Ende 1957 der Druck auf den Erdölmarkt ausgehen. Es war vielleicht eine späte Rechtfertigung des gemeinwirtschaftlichen Grundcharakters der BP wie der französischen CFP, wenn man in Erdölkreisen beide anklagte, die „Schwemme" von 1957/58 und die Unterpreisverkäufe eingeleitet zu haben, die den Zusammenbruch des bis dahin noch gehaltenen Preisniveaus auf internationaler Ebene zur Folge hatten.

Die BP hat heute ungefähr ein Viertel der Erdölreserven der freien Welt in der

Hand, im Nahen Osten, in Nigeria und Trinidad. Ihre Bemühungen um die Erschließung des Nordsee-Erdöls für Großbritannien sind Ausdruck ihres gemeinwirtschaftlichen Teilcharakters für ihr Heimatland; 51 % der Nordsee-Erdölbeteiligungen befinden sich in Staatshand. Für die Erschließung hat sie rund 360 Mill. Pfund Sterling aufbringen müssen; hierzu bedurfte es eines komplizierten Finanzierungsmanövers. Man finanzierte über ein Bankenkonsortium (Lazard, Morgan, National Westminster) durch Vorschüsse auf die Förderung; das Geld muß innerhalb von fünf Jahren aus den Erträgen bestimmter Felder zurückbezahlt werden. Die Rückzahlung wird eingestellt, wenn ein Feld nichts mehr ergibt, muß aber insgesamt bis 1982 beendet sein.

Von der Gesamtförderung der sieben Größten hatte die BP 1970 nicht ganz ein Sechstel inne (186 von 1 293 Mill. t), war aber nach Exxon und Shell der drittgrößte Rohöllieferant. Ihre Raffineriekapazität war kleiner (113 von 1 032 Mill.), hier stand sie auch noch hinter der Texaco. Sie hatte immer relativ zuviel Rohöl und litt darunter, daß sie, im Gegensatz zur Shell, auf dem reichen US-Markt nicht vertreten war. Darum hat sich die BP an den Bohrungen in Alaska beteiligt, um dann mit einem geschickten juristischen Streich dem amerikanischen Justizministerium ein Schnippchen zu schlagen und nach Ankauf von zwei Netzen mit insgesamt 8 500 Tankstellen (für 400 Mill. Dollar) — die sie gleich an die bis dahin kleine „Standard Oil of Ohio" weitergab, mit der sie einen Fusionsvertrag abschloß — festen Fuß in den USA zu fassen. Innerhalb der kartelljuristisch notwendigen Fusion steigt der BP-Anteil bis 1976 auf 54 Prozent; des weiteren hat die Gesellschaft 27,5 Prozent der Alaska-Pipeline erworben.

1972 hatte die BP Gewinne in Höhe von 60 Mill. Pfund Sterling erzielt und insgesamt 125 Mill. investiert. 1973 waren ihre Gewinne fast viermal so hoch, aber sie rechtfertigt sie damit, daß sie rund 450 Millionen investieren muß. Damit liegt sie für 1973 an der Spitze, und das dürfte wohl auch noch für 1974 zutreffen — hier hat sich ihr Rohölreichtum ausgezahlt. Die Gemeinwirtschaftlichkeit kommt hier weitgehend in der Investition in Räumen mit hohen Kosten für die Erschließung, wie in der Nordsee, zum Ausdruck, wo es um die Versorgungssicherheit ihres Landes geht. Kritische Beobachter wie Pryke meinen, daß die „BP-Lösung" — das gemischtwirtschaftliche Unternehmen mit Minoritätsbeteiligung des Staates — zu weitgehendem Kontrollverlust seitens des Staates geführt habe. Andere, wie Robson, stehen indessen dieser Lösung positiver gegenüber.

2. Die gemeinwirtschaftliche Komponente in Frankreich: CFP und ERAP/ELF

Die beiden französischen Konzerne, die wir hier kurz betrachten wollen, gehören keineswegs zu den Großen der Erdölwirtschaft dieser Erde[59]. Immerhin wird die Compagnie Française des Pétroles vielfach als „achte große Schwester" angesehen, hauptsächlich infolge ihrer Beteiligung im Irak. Die Gesellschaft war im Jahre 1924 gegründet worden, um den einst deutschen Anteil an der türkischen bzw. irakischen Gesellschaft zu übernehmen. Sie hatte zuletzt einen staatlichen Anteil von rund 35 Prozent, kann also nur zu einem Drittel als gemeinwirtschaftlich orientiert angesehen werden.

Dennoch wurde sie von vornherein ein Instrument der französischen Wirtschaftspolitik. Vier Jahre nach ihrer Gründung erließ die französische Regierung ein Gesetz zur Kontingentierung der Einfuhr von Erdölprodukten, mit dem doppelten Ziel des Aufbaus einer Raffinerieindustrie in Frankreich und der Förderung des Absatzes irakischen CFP-Öls.

Anders lagen die Dinge bei ELF/ERAP. Dieser Konzern, der ganz staatseigen ist, wurde erst 1966 gegründet. Er entstand aus der Verschmelzung zweier älterer gemeinwirtschaftlicher Unternehmen, nämlich der Régie Autonome des Pétroles (RAP), die am Vorabend des Zweiten Weltkrieges nach der Entdeckung der Erdgaslager von Saint-Marcet gegründet wurde, und dem Bureau des Recherches de Pétroles (BRP), das im Oktober 1945 entstand. Dieses zweite Gebilde, mit dem eine Wende der französischen Erdölpolitik eingeleitet werden sollte, war ausdrücklich dazu bestimmt, ein nationales Erschließungs- bzw. Prospektionsprogramm in Frankreich und in den verschiedenen Ländern der französischen Union einzuleiten.

Diese recht flexible Formel gestattete es dem „Bureau", die verschiedenartigsten Tätigkeiten auszuüben, wie die unmittelbare Prospektion und die Schaffung von Gesellschaften zu diesem Zweck. Zunächst gab es drei solche Tochtergesellschaften, die „Société nationale des Pétroles du Languedoc méditerranéen" (SNPLM) für die französische Mittelmeerküste, dann die „Société de Prospection des Pétroles en Alsace" (PREPA) für das Elsaß und endlich die „Société nationale des Pétroles d'Aquitaine" (SNPA) für Südwestfrankreich.

Nur die letztgenannte Gesellschaft hatte Erfolg; sie entdeckte die Erdölvorkommen (1949) und die Erdgasvorkommen (1951) in Lacq in den Pyrenäen — an Erdgas wurden schon bald 7 Mrd. Kubikmeter pro Jahr gefördert. Die sonstige Prospektionstätigkeit, die nach dem Fündigwerden einer amerikanischen Filiale der Exxon 1954 südwestlich von Bordeaux intensiviert wurde, brachte nur eine Förderung von wenigen Millionen Tonnen Erdöl in Frankreich selbst.

Um so mehr konzentrierte sich das „Bureau" auf Übersee-Fundstätten: auf Marokko, Gabun, den französischen Kongo, und beide staatlichen Gesellschaften zusammen auf Algeriens Saharakomplex. Die Gründung der ELF/ERAP im Jahre 1966 diente denn auch hauptsächlich diesem

Ziel. Die Gesellschaft suchte von Anfang an den Förderländern günstigere Bedingungen als die Konkurrenz anzubieten; ähnlich wie die italienische ENI zog sie sich damit die Feindschaft der Großkonzerne zu.

Zu Beginn der sechziger Jahre waren diese administrativen Maßnahmen noch durch die Schaffung eines neuen gemeinwirtschaftlichen Unternehmens des Staates, der „Union générale des Pétroles“ ergänzt worden, zu deren Generaldirektor der energische Jean Guillaumat berufen wurde. Dieser kaufte die Caltex-Tankstellen auf, mit denen er anfangs 4 Prozent, ab 1963 10 Prozent des französischen Marktes erfaßte. Der UGP wurden nun 15 Prozent der A 10-Kontingente (auf die später noch eingegangen wird) zugeteilt; Ende 1965 ging sie dann in der ERAP auf.

Der Konzern ELF/ERAP umfaßte rund 100 Tochtergesellschaften aller Art, überschritt ab 1969 eine Rohölförderung von 20 Mill. t, wovon praktisch drei Viertel aus Algerien kamen, und begann mit Prospektionstätigkeit in Gabun, Kongo-Brazzaville, Nigeria, Libyen und sogar Kanada. Ab 1966 hat die ERAP sich hier mit für die Förderländer günstigen Sonderkontrakten, ab 1971 auch im Irak, eingeschaltet. ELF/ERAP hatte 1970 eine Rohölförderung von 24 Mill. t, die in Folge des Algerien-Konfliktes 1971 auf 13 Mill. t sank und ab 1972 (15 Mill. t) langsam wieder stieg.

Nach der Unabhängigkeitserklärung Algeriens hatten die beiden französischen Gesellschaften einen neuen Verhandlungspartner: die junge algerische Regierung, die ihrer ganzen Konzeption nach gemeinwirtschaftlich ausgerichtet war. Schon 1963 schuf die algerische Regierung die SONATRACH; sie war ursprünglich für den Bau einer Erdölleitung geplant gewesen. Dieses Unternehmen wurde aber bald zum Hauptinstrument der algerischen Erdölpolitik. Hier ergab sich nun eine neue Chance für die Verhandlungen zwischen gemeinwirtschaftlichen Unternehmen der Verbraucherländer und solchen der Förderländer.

Auf französischer Seite hoffte man, in mehr oder weniger direkten Verhandlungen zwischen Regierungen und deren Unternehmen auf lange Sicht nicht nur zu einer größeren Versorgungssicherheit zu gelangen — diese Bestrebungen werden heute von vielen nach den Ereignissen von Ende 1973 als gerechtfertigt angesehen — sondern gleichzeitig auch eine Preisstabilität zu bekommen, die allerdings auf kürzere Sicht zu einem relativ höheren Preisniveau als auf dem Weltmarkt führen kann und in Frankreich auch geführt hat.

Bis etwa 1971 behielten die beiden französischen Konzerne den größeren Teil der algerischen Erdölförderung in Händen; es waren dies rund 30 Mill. t, also fast zwei Drittel. Die SONATRACH verfügte mit 15 Mill. t über knapp ein Drittel. Ab 1972 kehrte sich das Verhältnis um: Die SONATRACH hatte mit

42 Mill. t einen Anteil von 77 Prozent, die beiden Gesellschaften mit 12,3 Mill. t knapp 23 Prozent. Der Anteil des algerischen Erdöls an der französischen Versorgung fiel damit von 26 Prozent im Jahre 1970 auf 7 Prozent 1971 und 9 Prozent 1972. Wie kam es dazu?

Wir können den französisch-algerischen Konflikt um Erdöl und Erdgas hier nur kurz skizzieren; er wurde schicksalhaft für die ELF/ERAP. Die CFP entging im Irak durch geschickte Diplomatie der Nationalisierung vom Juni 1972. Ein Abkommen vom 5. Februar 1973 garantiert ihr bis zum 14. Juli 1982 einen Anteil von 23,75 Prozent an der Förderung im Nordirak.

1958 war in Algerien eine gesetzliche Regelung eingeführt worden, die für die französischen Gesellschaften sehr vorteilhaft war. Am 27. Juli 1965 wurde nun zwischen den Staaten ein neues Abkommen abgeschlossen, das den Gewinnanteil der Algerier auf 55 Prozent erhöhte; das Ergebnis war eine Art Genossenschaft zwischen ERAP und Algerien. Der Listenpreis wurde auf 2,08 Dollar pro Barrel festgesetzt.

Algerienöl war damit nicht billig für Frankreich, und die Raffinerien, die es von den französischen Algerien-Gesellschaften kaufen mußten, zahlten praktisch vor 1967 pro Barrel etwa 60 cents, d. h. fast 50 Prozent mehr als für Kuwait-Öl. Dennoch waren die Algerier der Meinung, daß die französischen Gesellschaften mehr zahlen könnten — denn dank dem System der „devoir national", auf das wir weiter unten noch eingehen, verdienen sie immer noch 80 cents pro Barrel.

Nach der Schließung des Suezkanals stieg der cif-Ölpreis für Nahostöl in Europa, und nun war das Algerienöl in Frankreich tatsächlich billiger. Anfang 1969 forderten die Algerier eine Preisrevision; aber die Verhandlungen begannen erst Ende November und brachten kein Ergebnis — bis die Algerier mit ihrer Geduld zu Ende waren und rückwirkend für 1969 den Listenpreis um 40 Prozent anhoben. Nun gab es in Frankreich einen Sturm der Entrüstung, obwohl die Algerier nur etwa 2,6 Prozent vom Benzinpreis erhielten und ganze 1,3 Prozent mehr verlangten.

Nach Teheran erklärte dann Algerien 1971 die Nationalisierung der Öl- und Gasleitungen zu 100 und der Förderung zu 51 Prozent. Drei Wochen später wurde der Listenpreis auf 3,6 Dollar angehoben — 75 Prozent über dem Niveau von 1965. Im Juni/Oktober einigte man sich dann mit CFP und ERAP, und nun kontrollierte die algerische SONATRACH die Anlagen, die sie allmählich ganz übernehmen soll. Die Algerier wollen jetzt die Investitionen intensivieren, die ihrer Meinung nach von den Franzosen vernachlässigt wurden, und generell die Industrialisierung mit den Gewinnen vorantreiben.

Allerdings liegen die Dinge etwas anders, wenn man die Situation innerhalb Frankreichs im Hinblick auf die Raffineriekapazitäten und im Hinblick auf das Verteilernetz betrachtet. Frankreich hat seit jeher eine dirigistische Tradition; diese kam bereits früh auch im Erdölsektor zum Tragen. Auf Initiative von Louis Pineau wurde seit 1925 ein System der Einfuhrlizenzen für Erdölprodukte ausgearbeitet, das seinen Niederschlag im Gesetz vom 30. März 1928 fand. In diesem Jahr, in dem der große Kartellvertrag zwischen den internationalen Konzernen abgeschlossen wurde, konnte Frankreich diesen damit eine administrative Waffe entgegensetzen, welche die Entwicklung der einheimischen Raffineriekapazität begünstigte. In den fünfziger Jahren waren bereits Einfuhr, Verarbeitung und Verteilung von ausländischen Rohölen und Produkten genehmigungspflichtig; ab 1961 erfolgte dann eine Erweiterung des Kontrollsystems auf die innerfranzösische Produktion (einschl. Überseegebiete).

Diese weitere Entwicklung führte zum Aufbau eines recht komplizierten Systems, das zwei Genehmigungsformen vorsah: Einmal die sogenannten „Verteilungskontingente A 3" — diese Kontingente legten die Benzin-Maximalmenge fest, die die Gesellschaften aus „fremdem" Rohöl, d. h. solchem, das weder aus der Franc-Zone noch aus Frankreich selbst stammt, raffinieren dürfen. Damit wurde einerseits das Rohöl aus der Franc-Zone begünstigt, zum anderen aber auch die CFP, denn diese bekommt ein Sonderkontingent in Höhe von 25 Prozent des Benzinverbrauchs in Frankreich. Außerdem wird noch vorgeschrieben, daß sich die Verteiler zu 90 Prozent bei französischen Raffinerien versorgen müssen, so daß nur 10 Prozent des Benzins eingeführt werden darf.

Daneben gibt es dann noch die „Verteilungskontingente A 10", mit denen festgelegt wird, wieviel Benzin jede Gesellschaft pro Jahr innerhalb Frankreichs verteilen darf. 1971 entfielen rund 30 Prozent auf Tochtergesellschaften der CFP, 15 Prozent auf den Konzern ELF/ERAP und 11 Prozent auf andere französische Firmen; damit war der Marktanteil der internationalen Konzerne auf 45 Prozent beschränkt. Fast die gleiche Aufteilung galt noch für 1974.

Es besteht zudem noch eine dritte Verpflichtung für die Raffinerien in Frankreich. Mindestens 55 Prozent der Raffinerieprodukte für den Binnenverbrauch mußten aus Sahara-Erdöl bzw. Franc-zonen-Erdöl gewonnen werden. Diese Verpflichtung für die privaten Raffinerien, die sogenannte „nationale Pflichtleistung" („devoir national") rief einen Sturm der Entrüstung hervor, weil die internationalen Konzerne ihre Hauptgewinne eben daraus ziehen, daß ihre Raffinerien das Rohöl der Muttergesellschaften kaufen müssen — zu entsprechend hohen Preisen, damit die Gewinne der Raffinerien selbst, die in den Verbraucherländern hoch besteuert werden, niedrig bleiben.

Diese Maßnahme ist allerdings Anfang 1971 aufgehoben worden, als die algerischen Nationalisierungen einsetzten. Das war eine Ironie des Schicksals, denn gerade zu diesem Zeitpunkt wurde das Saharaöl, das vorher das Preisniveau in Frankreich nach oben gedrückt hatte, billiger als das Nahostöl, welches in Teheran erhebliche Preissteigerungen erfahren hatte.

Generell hat sich Frankreich verpflichtet, sein gesamtes kompliziertes System abzubauen, das gegen nichtfranzösische Firmen und Raffinerien diskriminierend wirkt. Aber das war eben gerade der Hauptinhalt der französischen Energiepolitik, die dem Aufbau einer mächtigen französischen Raffineriewirtschaft und einer Stärkung der (teilweise oder ganz) gemeinwirtschaftlichen Unternehmen dienen sollte.

Im Weltmaßstab erscheinen die Konzerne CFP und ELF/ERAP relativ klein. Die CFP hatte 1970 eine Rohölförderung von rund 60 Mill. t. Dennoch pflegt man die CFP als „achte große Schwester" zu bezeichnen, obwohl die kleinste der sieben anderen — Standard Oil of California — über mehr als doppelt soviel Rohöl verfügt.

Obwohl es sich bei der CFP um eine Minderheitsbeteiligung des französischen Staates handelt, war diese Gesellschaft infolge ihrer größeren internationalen Bedeutung seit jeher ein wichtiges Instrument des französischen Staates. Dazu trug auch die Tatsache bei, daß der Staat eben nicht nur 35 Prozent der Aktien besaß, sondern durch Mehrstimmaktien 40 Prozent der Stimmrechte ausübte, und daß die übrigen Aktionärsgruppen recht zersplittert waren. Der Schwerpunkt ihrer Beteiligungen lag von Anfang an im Irak.

Schon 1929 wurde eine Tochtergesellschaft gegründet, die Compagnie française de Raffinage (CFR, später UGP), an der die CFP 55 Prozent, der Staat 10 Prozent der Anteile besaßen. Diese Anteile änderten sich später: 56 Prozent CFP, 13 Prozent der Staat, der Rest fiel Verteilerunternehmen zu. Die CFR hatte zunächst zwei Raffinerien, eine in der Normandie und eine in der Provence. Kurz darauf, 1931, wurde auch eine Tankergesellschaft gegründet, die Compagnie Navale des Pétroles (CNP).

Während des Zweiten Weltkrieges wurde der französische Anteil im Irak beschlagnahmt. Danach hatte die Gesellschaft noch einige Kämpfe mit den Amerikanern auszufechten, die an die Stelle der alten Abmachung der „roten Linie" für das ehemalige türkische Staatsgebiet den frischen Wind des Wettbewerbs um Konzessionen treten lassen wollten. 1948 mußte die CFP nachgeben, erhielt aber eine Steigerung der Erdölförderung im Irak zugestanden.

Diese Irak-Beteiligung bedeutete, daß — wie manche der Gesellschaft vorwarfen — diese gewissermaßen „alle Eier in einen Korb" getan hatte. In dem Schreiben vom 1. März 1924, mit dem der französische Ministerpräsident Poincaré seinerzeit die Staatsbeteiligung zugesagt hatte, war der Gesellschaft aufgetragen worden, „in den verschiedenen Erdölzonen, speziell in Mittel- und Südamerika, ihre Tätigkeit auszuüben und mit Unterstützung des Staates zur Auswertung und zum Abbau der Erdölvorkommen zu schreiten, die in Frankreich, in den Kolonien und in den Protektoraten entdeckt werden könnten". Man kann die CFP vielleicht als einen Beleg für die These ansehen, wonach gemischtwirtschaftliche Unternehmen — zumindest solche mit Minderheitsbeteiligung — schlecht dazu geeignet sind, öffentliche Aufträge wahrzunehmen. Die CFP jedenfalls hatte bis 1946 wenig zur Durchführung dieses Programms getan und sich nach wie vor hauptsächlich auf den Irak gestützt.

Das sollte erst anders werden, als Ende 1945 das „Bureau des Recherches de Pétrole" (BRP) gegründet wurde, das in seinem ersten Fünfjahresplan über weit umfangreichere Mittel verfügte: 56 Mrd. Francs gegen ein Kapital der CFP von 1,2 Mrd. Seither beteiligte sich die CFP weit aktiver, u. a. auch in Hassi Messaoud und an den Erdgasvorkommen von Hassi R'Mel, hier zusammen mit dem Erdölbureau „Repal" des algerischen Staates.

Darüber hinaus stieg die Gesellschaft in eine Reihe von gemeinsamen Unternehmen bzw. „joint ventures" mit der BP im Scheichtum Abu Dhabi, mit der Continental im Scheichtum Dubai und mit der Shell in Oman ein. Darüber hinaus hatte die CFP einen Anteil von 6 Prozent am Iran-Konsortium bekommen. 1970 verteilte sich die Erdölförderung der CFP deshalb auf die folgenden Hauptquellen: Im Irak 18,1 Mill. t, in Abu Dhabi 10,6, im Iran 9,9, in Qatar 2,2, Oman 1,6 und Dubai 1 Mill. t. In Algerien wurden noch 13,8 Mill. t gefördert; alles in allem ergab das 57,3 Mill. t. Abtransportiert wurden dabei aus dem Mittelmeer 26, aus dem Persischen Golf 31 Mill. t.

Bei der Nationalisierung in Algerien zog sich die CFP durch ein Abkommen aus der Affäre, wonach sie 61 Mill. Dollar Entschädigung erhielt und durch eine Tochtergesellschaft (ALREP) noch weiter an der Förderung beteiligt bleiben sollte. Diese Förderung dürfte sich 1973 auf 7 Mill. t belaufen haben, also auf etwa die Hälfte des früheren Standes.

Die Gesamtförderung des Konzerns wächst pro Jahr etwa um 12 Prozent. Die CFP fördert heute durch „joint ventures" in nahezu allen Kontinenten. Sie hat eine Tankerflotte von 1,5 Mill. t und beherrscht den französischen Markt zu 25 bis 30 Prozent. Da hier der Verbrauch jedoch langsamer wächst als die Gesamtförderung des Konzerns, nämlich nur 8 Prozent jährlich, sucht der Konzern unter dem Markennamen TOTAL neue Absatzmärkte in allen Erdteilen bis nach Australien und Nordamerika hin.

Die CFP ist mit dem Konzern ELF/ERAP eine Reihe von Verbindungen im Chemiesektor eingegangen: einmal über die ERAP/SNPA und CFP/CFR, zum anderen zwischen ERAP/SNPA und TOTAL (CFP). ERAP und TOTAL zusammen dürften 1976 einen Umsatz von 2,5 Mrd. fr. haben.

ELF/ERAP hat sich inzwischen auch durch den Ankauf des ANTAR-Konzerns (1970) vergrößert. Der Gesamtkonzern weist damit 20 000 Beschäftigte und einen Umsatz von 10 Mrd. fr. aus, fast doppelt so viel wie 1968. Der Gewinn hat sich gegenüber 1968 mehr als verdoppelt, auf 760 Mill. fr. Die Suche nach Erdöl ist vorwiegend Sache dieses Konzerns; drei Viertel der Exploration geht auf sein Konto.

3. Die gemeinwirtschaftliche Komponente in Italien: Die ENI

Im Jahre 1926 hatte der italienische Staat die Agenda Generali Italiani Petroli (AGIP) geschaffen, und zwar mit der ausdrücklichen Aufgabe der Erdölprospektion[60]. Ursprünglich war die AGIP im wesentlichen eine Finanzierungsgesellschaft, wuchs dann aber mehr und mehr in Produktion und Absatz hinein.

Das Unternehmen hatte jedoch nicht viel Glück. Sein Haupterfolg war 1930 die Übernahme von 20 Prozent der Aktien der Mossul Oil Company. Ein ehemaliger christdemokratischer Partisanenführer und Ingenieur, Enrico Mattei, erhielt nun 1945 den Auftrag, dieses erfolglose Unternehmen zu liquidieren. Er tat das Gegenteil, setzte die Bohrungen fort und entdeckte bald Methangasvorkommen bei Cavagia und einige Monate später Methangas mit Erdöl („feuchtes Gas") bei Cortemaggiore, später noch in Sizilien und anderwärts.

Die Methanförderung aus diesen Quellen sollte bis zum Beginn der sechziger Jahre 6 Mrd. Kubikmeter erreichen. Diese Funde führten 1953 zur Gründung einer Holdinggesellschaft, der „Ente Nazionale Idrocarburi" (ENI), in die die AGIP/Erdöl, eine weitere AGIP/Mineraria, eine AGIP/Nucleare und schließlich eine Bohrgesellschaft, die SNAM/Progetti (mehr für die technische Seite und für Erdgas) eingebracht wurde. Nach dem Erdölgesetz von 1956 erhielt die ENI das Monopol für Such- und Fördertätigkeit im Po-Gebiet. Sie darf allerdings nur mit solchen Gesellschaften Konsortien bilden, die zu 51 Prozent in Staatsbesitz sind.

Mattei ließ seine politischen und wirtschaftlichen Verbindungen geschickt spielen, und es gelang ihm, öffentliche Mittel für weitere Prospektionsarbeiten mobil zu machen. Lediglich bei Gela in Sizilien wurde ein größerer Erdöl-Fund gemacht; ansonsten hatte Italien keine eigene Rohölbasis. Zwar gelang es Mattei, den Mythos des „mächtigen italienischen Benzins" aufzubauen; aber dieses Benzin wurde aus Rohöl gewonnen, das entweder zu günstigen Bedingungen von den Sowjets eingehandelt wurde oder aber aus Konzessionen stammte, die Mattei unter neuartigen Bedingungen in einer ganzen Reihe von Ländern erwarb.

Das Bedeutsame dieser neuartigen Bedingungen lag darin, daß Mattei die bisher geltende Regelung der Aufteilung der Gewinne (50 : 50) durchbrach und praktisch dem Gastland 75 Prozent zugestand. Das geschah in großen Zügen in der Form, daß zunächst einmal dem Gastland die üblichen Abgaben zugestanden wurden, worauf man sich den Rest teilte: Betrugen die Abgaben etwa 50 Prozent, so ergab sich daraus eine Restgewinnaufteilung von 25:25, das Gastland erhielt also 75 Prozent. Diese Grundformel erfuhr eine Vielzahl von juristischen Abwandlungen.

Der erste spektakuläre Abschluß dieser Art erfolgte am 13. März 1957 mit der „Société Nationale Iranienne des Pétroles“ (später NIOC), nachdem ein Versuch Matteis, 1955 bei der Bildung des Iran-Konsortiums mit zugelassen zu werden, fehlgeschlagen war. Kurz darauf wurde die gleiche Formel in Ägypten angewandt, dann in Südmarokko, Tunesien, im Sudan, in Somali und schließlich 1960 in Libyen. In diesen Ländern hat die ENI rund 150 000 Quadratkilometer Konzessionen erworben; 1962 konnte sie etwa die Hälfte des Bedarfs für ihre Raffinerien aus diesen Ländern decken. Da verunglückte Mattei Endes des Jahres tödlich.

Zunächst versuchten seine Nachfolger, diese schmale Rohölbasis noch weiter zu verbreitern. Sie erwarben z. B. eine 50-Prozent-Beteiligung am Nowruz-Feld im Persischen Golf und 13 Prozent am Ekofisk-Feld in der Nordsee. Dennoch brachten 1969 alle Beteiligungen zusammen rund 8 Mill. t Rohöl, während die ENI in ihren Raffinerien rund 26 Mill. t verarbeitete und 15 Mill. t an Produkten verkaufte. Der italienische Markt verbrauchte damals rund 58 Mill. t Rohöl.

Bis 1972 dürften die Rohölquellen der ENI in aller Welt etwa 15 Mill. t geliefert haben. Die Raffineriekapazität der ENI und ihrer Tochtergesellschaften und Beteiligungen (Montedison mitgerechnet) belief sich nun auf fast 40 Mill. t. Bei einer durchschnittlichen Kapazitätsauslastung der italienischen Raffinerien zu 70 Prozent dürfte das eine Verarbeitung von etwa 28 Mill. t bedeutet haben; danach hatte die ENI, die 1969 noch nicht ein Drittel ihres Rohölbedarfs aus eigenen Quellen deckte, nun immerhin doch schon einen Deckungsgrad von etwa 50 Prozent erreicht.

Das Hauptproblem blieb aber die schmale Rohölbasis. Die großen Weltkonzerne erzielten ihre Gewinne beim Verkauf an ihre Raffinerien, womit steuerliche Vorteile verknüpft waren. Die ENI litt zudem unter der steuerlichen Durchsichtigkeit ihrer Bilanzen als Staatskonzern; sie hatte keine Verschleierungsmöglichkeiten.

Zur Steuerfrage zitieren wir den italienischen Ökonomen Vittorini: „Alle privaten Gesellschaften melden systematisch minimale Gewinne oder sogar Verluste und zahlen demgemäß keine Steuern“, während die ENI-Unternehmen genaue Ergebnisse ausweisen müssen. Vittorini fährt fort: „Die privaten Konzerne erzielen dieses brillante Ergebnis auf folgende Weise: Für die italienischen Filialen der multinationalen Konzerne, die von diesen mit Rohöl beliefert werden, können die Konzerne ohne weiteres höhere Preise für den Verkauf (von Rohöl an die Filialen) in Rechnung stellen. Da die gleichen Konzerne außerdem Eigner von Tankerreedereien, Versicherungsgesellschaften, Forschungsinstituten bzw. Prospektionsfirmen sind, können für die italienischen Tochtergesellschaften Kosten in Rechnung gestellt werden, die gar nicht existieren. Offensichtlich können die Erdölfirmen auf diese Weise nicht nur Steuern vermeiden, sondern bringen es fertig, in aller Ruhe riesige Kapitalübertragungen ins Ausland vorzunehmen."

„Aus einigen Daten der letzten Jahre (1968) ergab sich, daß die italienische „Gulf Oil" einen Verlust von 15 Mrd. Lire auswies, gleichzeitig aber eine neue Raffinerie von 3 Mill. t pro Jahr finanzierte. Viele Gesellschaften wiesen ständig Bilanzverluste aus und beantragten doch gleichzeitig ständig Genehmigungen zur Erweiterung ihrer Anlagen: zum Beispiel die Amoco (3,5 Mrd. Lire Verluste), die Chevron (etwa eine Mrd. Lire Verluste), die Garron (rund 80 Mill. Lire Verluste), usw." Alles in allem wurden von den Erdölfirmen für 1972 bei einer Umsatzziffer von 2 000 Mrd. Lire ein Gesamtverlust von 31,5 Mrd. Lire ausgewiesen, obwohl fünf Firmen Gewinne von ca. 1,1 Mrd. Lire auszuweisen hatten, darunter die AGIP in Höhe von 139 Mill. Lire[61]. Für die AGIP ist zu bedenken, daß sich der Staat mit dem Gesetz von 1926 die Hälfte der Gewinne als Anteil ausbedungen hatte.

Es ist nun Tatsache, daß die italienischen Raffinerien eine erhebliche Unterausnutzung ihrer Kapazitäten haben, die kostenerhöhend wirken muß. Der Ausnutzungsgrad lag 1971 in Italien lediglich bei 70 Prozent, in den USA aber bei 85 Prozent, in Deutschland um 90 Prozent und in Frankreich und Großbritannien um 95 Prozent. In Japan werden sogar 100 Prozent überschritten.

Trotzdem wurden immer neue Genehmigungen für den Ausbau der Raffineriekapazitäten in Italien erteilt. Das erklärt sich vor allem aus der Tatsache, daß die großen Konzerne ihre Anlagen seit vielen Jahren auf Verdacht, unbekümmert um die erforderlichen Genehmigungen, gebaut hatten. Schon 1966 waren die vorhandenen Kapazitäten mit 125 Mill. t um mehr als ein Viertel größer als die genehmigten (99 Mill. t), und bis 1971 hat sich diese Diskrepanz sogar auf ein Drittel erweitert (194 Mill. t vorhanden, 148 Mill. t genehmigt). Dafür gab man sich nun 1972 einen Ruck und genehmigte gleich 84 Mill. t zusätzlich. Für 1973 schwanken die Angaben für die tatsächlich vorhandenen Kapazitäten zwischen 170 und 190 Mill t; genehmigt sind in diesem Jahr 262 Mill. t.

Nach dem „Ruck" in der Genehmigungsmaschinerie ist also die Situation plötzlich umgekehrt, und es droht eine bedenkliche Hypertrophie. Jetzt muß man damit rechnen, daß die ENI ihr Ziel, durch zwei weitere Raffinerien von zusammen 22 Mill. t Kapazität ihren Marktanteil zu erhöhen, unter Umständen nicht erreicht, weil die anderen doch weiterbauen bzw. vor allem vorhandene Anlagen erweitern.

Solange dieser Kapazitätsüberschuß in Italien besteht und die großen Konzerne auf diese Kapazitäten zur Versorgung der anderen Länder zurückgreifen müssen, hofft man in Italien, ein Druckinstrument in der Hand zu haben, um eine gewisse Sicherheit bei der Versorgung mit Rohöl zu erzielen. Man ist sich allerdings darüber im klaren, daß dieser Vorteil nur so lange gilt, wie die Konzerne nicht in anderen Ländern entsprechende Erweiterungen bzw. Raffinerieneubauten vornehmen. Der Rückzug der Shell aus Italien, die ihre Anlagen und ihr Verteilernetz in neuester Zeit zum Preis von 120 Mrd. Lire an die ENI veräußerte, scheint auf eine gewisse Abbautendenz hinzudeuten.

Inzwischen ist die ENI in umfangreichem Maße in die chemische Industrie eingestiegen. Zu diesem Zweck wurde 1936 die ANIC gegründet, die zunächst über Mehrstimmrechtsaktien von der AGIP, dann vom Staat (1948) und jetzt von der ENI kontrolliert wird. Heute ist die ANIC das zweitgrößte chemische Unternehmen Italiens, und sie befaßt sich mit der Herstellung von Kunstgummi, Kunstfasern, Düngemitteln und chemischen Substanzen aller Art. Die ANIC hat auch eigene petrochemische Werke und Raffinerien, wird aber sonst von der AGIP beliefert. Die ANIC ist wiederum Lieferant von Kunstfaser für das Textilunternehmen LANEROSSI, das seit rund einem Jahrzehnt dem ENI-Konzern angehört.

Die AGIP kontrolliert heute immerhin rund ein Viertel des italienischen Marktes. Die unmittelbaren AGIP-Raffinerien werden so gut wie vollständig mit ENI-eigenem Rohöl versorgt. Wenn für den Gesamtkomplex der ENI-Beteiligungsraffinerien nach wie vor zugekauft werden mußte, so trifft das für die drei ANIC-Raffinerien, zwei STANIC-Raffinerien (unter Halbbeteiligung mit Esso) und die Montedison-Raffinerien zu; der Konzern Montecatini-Edison kann teilweise dem ENI-Komplex zugerechnet werden. Die AGIP hat rund 7 000 Beschäftigte und einen Umsatz von 1200 Mrd. Lire (1971) und erzielte bis 1970 Gewinne von rund 2 Mrd., 1971 allerdings nur noch von 100, 1972 von 139 Mill. Lire.

Die SNAM ist nicht nur auf technischem Gebiet tätig, sondern hat auch das Monopol für den Transport und die Verteilung von Erdgas inne. Da sich die Vorkommen im Po-Tal erschöpfen, sind von der SNAM eine ganze Reihe von Lieferverträgen abgeschlossen worden, u. a. mit der Sowjetunion, mit den Niederlanden und mit Libyen. Die Anlagen der

SNAM bilden praktisch die Grundlage für ein gesamteuropäisches Methangasleitungsnetz. Auf italienischem Boden hat dieses Netz zahlreiche Verzweigungen bis nach Süditalien hinein, so daß die Versorgung der Städte mit Erdgas sichergestellt ist. Durch den Ausbau der Leitungen nach Süditalien hin ist es gelungen, auch in regionalpolitischer Hinsicht wirksam zu werden: Die historisch begründete Benachteiligung des Südens wurde damit gemildert.

Die AGIP-Nucleare ist nicht sehr stark ausgebaut worden; dies steht im Zusammenhang mit der heute stark kritisierten Tatsache, daß die italienische Elektrizitätswirtschaft weitgehend auf Erdölbasis ausgebaut wurde. Alles in allem sind in den Unternehmen des ENI-Konzerns heute rund 80 000 Menschen beschäftigt. Dic Investitionen des Konzerns machen rund ein Zehntel der Gesamtinvestitionen in der italienischen Industrie aus.

13. Die Diskussion um einen gemeinwirtschaftlichen Energiekonzern in der BRD

Der Gedanke, daß auch die Bundesrepublik einen starken, in der Hand des Staates operationsfähigen Erdölkonzern im Stile der ENI besitzen müsse, ist nicht erst in jüngster Zeit geboren worden. Die ersten Vorschläge dieser Art, die auf einen Zusammenschluß des VEBA-Konzerns mit der Gelsenberg-AG (früher Gelsenkirchener Bergwerks-AG) hinausliefen, sind nach Aussage des Vorstandsvorsitzenden der letzteren, Walter Cipa, schon vor fast einem Jahrzehnt gemacht worden: „Immerhin haben wir seinerzeit eine Fusion von Veba und Gelsenberg vorgeschlagen, das war 1966/67“[62]. Diese Vorschläge gingen also von der Wirtschaft selber aus. Darüber hinaus kann man diese Pläne als einigermaßen „ideologiefrei“ bezeichnen, denn die ersten Verhandlungen zu ihrer Verwirklichung sind zur Zeit der großen Koalition vom damaligen CDU-Schatzminister Schmücker eingeleitet worden[63].

1969 fanden diese Pläne dann einen ersten Niederschlag in der Gründung der „Deutschen Erdöl-Versorgungs-Gesellschaft mbH“ (Deminex) in Düsseldorf. An dieser waren nicht weniger als sieben Großunternehmen beteiligt, von denen fünf direkt oder indirekt als gemeinwirtschaftliche Unternehmen angesprochen werden müssen: Die Veba, Gelsenberg und Union Kraftstoff Wesseling (ein Braunkohlenunternehmen der RWE) mit je 18,5 %, die Saarbergwerke und die Preussag mit je 7 bzw. 10 %. Dazu kamen dann noch die Deutsche Schachtbau mit 7 und Wintershall mit 18,5 %. Dieses Gemeinschaftsunternehmen sollte im Ausland nach Erdöl suchen, Erdölfelder erschließen, Beteiligungen an bereits erschlossenen Lagerstätten und an bereits arbeitenden Fördergesellschaften erwerben sowie im Auftrage einzelner oder mehrerer Gesellschafter Rohöllieferverträge abschließen und Erdöl transportieren. Dazu sollte das Unternehmen von der Bundesregierung eine „Starthilfe" von 575 Mill. DM als bedingt rückzahlbares Darlehen bekommen.

In der später folgenden Debatte ist als Alternative zum Veba-Gelsenberg-Zusammenschluß insbesondere ein Ausbau der Deminex genannt worden. Man kann also bereits eingangs feststellen, daß es eigentlich gar nicht um die Grundsatzfrage: gemeinwirtschaftlich orientiertes Unternehmen oder nicht, ging, sondern vielmehr um die Frage: gemischtwirtschaftliches Gemeinschaftsunternehmen mit privater Beteiligung von etwa einem Viertel oder straff organisierter Großkonzern.

Befürwortet wurde die Deminex-Lösung unter anderem von Wilhelm Throm[64]. Dieser meinte, die Deminex arbeite „mit viel Sachverstand, Energie und auch mit Erfolg", sie müsse nur „von hindernden Fesseln befreit und mit Handlungsvollmachten ausgestattet" werden, wozu vor allem „Mehrheitsbeschlüsse, die alle binden", gehörten.

Demgegenüber vertrat der Vorstandsvorsitzende der Veba, von Bennigsen, die Ansicht, eine „Konsortiallösung, in der jeder seine Selbständigkeit behält" käme auf keinen Fall in Frage: die Deminex sei zu schwerfällig[65]. Das gab im Grunde auch ihr Befürworter Throm zu, wenn er sagte: „Sie krankt daran, daß sie an die Einstimmigkeit ihrer Gesellschafter gebunden ist. Die Gesellschaft kann nichts unternehmen, wenn auch nur einer ihrer Gesellschafter nicht mitmacht. Paradebeispiel: das Nein der Veba, als es um den Erwerb einer Beteiligung in Abu Dhabi ging". Aber welchen Sinn hätte es, ein Unternehmen durch Mehrheitsbeschlüsse binden zu wollen, das dann schließlich abspringen würde?

Das Mißtrauen der Veba gegen eine Direktbeteiligung an Ölfeldern in den Scheichtümern am Persischen Golf erscheint heute in der Rückschau sehr viel verständlicher, weil diese Scheichtümer mit der hundertprozentigen Nationalisierung begonnen haben. Man kann sich des Eindrucks nicht erwehren, daß es bei der Pressekampagne gegen die Fusion Veba-Gelsenberg eben nur darum ging, das Entstehen eines praktisch überwiegend gemeinwirtschaftlichen Konzerns ohne Beteiligung privater Großkonzerne zu verhindern. Aber eben darum ging es der Bundesregierung: einen Staatskonzern zu Verhandlungszwecken anderen Staatskonzernen gegenüberzustellen. Throm kritisierte die Fusionspläne mit folgenden Worten: „Bonn möchte seinen Verhandlungspartnern im Nahen Osten und in Nordafrika ein Unternehmen präsentieren können, das seinen Befehlen zu gehorchen hat. Bei den Staatsgesellschaften der Ölexportländer soll der Eindruck erweckt werden, sie verhandelten hinfort mit einem deutschen Partner „gleichen

Ranges", der wie sie Erfüllungsgehilfe der Regierung ist. Das ist das besonders Bedenkliche ..., der Versuch, die privatwirtschaftlich organisierte deutsche Mineralölwirtschaft an die staatswirtschaftliche Unternehmensstruktur von autoritär regierten Entwicklungsländern anzupassen". Hier wird die ideologische Frontstellung unverkennbar.

Man vergißt dabei jedoch, daß diese deutsche Mineralölwirtschaft im Gegensatz zu den internationalen Großkonzernen bereits großenteils in der Hand von staatlich beherrschten Unternehmen war und ist, und daß es nur noch darum ging, ob diese in zersplitterter Form oder geschlossen den Großkonzernen bzw. dem Förderstaatenkartell entgegentreten.

Den gleichen Sachverhalt wie Throm hat auch der Wirtschaftsexperte der FDP, Otto Graf Lambsdorff, positiv formuliert: „Diese Gruppe deutscher Unternehmen ist dabei in sich recht heterogen und zersplittert ... Es liegt auf der Hand, ... daß ein potenter Nachfrager nach Rohöl ... eine sehr viel bessere Marktstellung hat als mehrere kleine Unternehmen, die jeweils nur geringe Mengen kontrahieren können. Hinzu kommt, daß die Ölförderungsländer als die künftig bedeutendste Anbietergruppe aus vielerlei Gründen den direkten Kontakt von Staat zu Staat im Ölgeschäft suchen. Eine deutsche Mineralölgruppe, konzentriert um die Veba mit dem Bund als Großaktionär, würde als wirklich aktionsfähiger Partner die Verhandlungsposition der Bundesregierung sehr erleichtern und doch erlauben, die Vorteile der privatwirtschaftlichen Unternehmensführung beizubehalten und die Form des (reinen) Staatskonzerns, die beispielsweise Frankreich und Italien gewählt haben, zu vermeiden".[66]

Lambsdorff sieht also gerade entgegengesetzt zu Throm in der geschlossenen Form eine Absicherung gegen „reinen" Staatseinfluß. Zudem betont er, daß der neue Konzern nur erst gerade soviel Marktanteil auf dem deutschen Markt erobern würde, wie bereits die internationalen Großkonzerne innehaben, nämlich zwischen 10 und 20 Prozent bei Mineralölprodukten — womit also auch kartellrechtliche Bedenken fallen müßten.

Tatsächlich waren vom bundesdeutschen Kartellamt Bedenken angemeldet worden, die zur Ablehnung der Genehmigung der geplanten Fusion führten. Am 1. Februar 1974 hat dann der Bundesminister für Wirtschaft den Einspruch der Kartellbehörde aufgehoben, weil die marktwirtschaftliche Ordnung durch die Fusion nicht gefährdet werde.

Damit war der Weg frei für die Fusion; es stellte sich nun das Problem der technischen Durchführung. Die ursprünglich von Minister Kurt Schmücker betriebenen Fusionspläne waren 1967 daran gescheitert, daß dessen Parteifreund, der Finanzminister und CSU-Vorsitzende Franz-Josef Strauß, der Veba die zum Erwerb der Gelsenberg-Aktien erforderlichen Kredite verweigerte. Damals gehörten 43 Prozent der Gelsenberg-Aktien der Dresdner und der Deutschen Bank. Dann interessierte sich bezeichnenderweise die französische CFP für dieses Aktienpaket, mit der die Dresdner Bank auch verhandelte; es bestand die Möglichkeit, daß die Gelsenberg in den Einflußbereich des französischen Staates geraten wäre.

Die Bundesregierung bemühte sich, das zu verhindern; sie brachte Anfang 1969 die Rheinisch-Westfälische Elektrizitätswerk AG, in der die öffentliche Hand vor allem durch die Kommunalbeteiligung vertreten ist, dazu, 43 % der Gelsenberg-Aktien von beiden Großbanken für eine halbe Milliarde DM, nämlich zum Kurswert von 240 % (Marktwert 160) zu übernehmen. Das RWE erhöhte dann seine Beteiligung an der Gelsenberg auf 48 %.

Das RWE hat auf diese Summe rund 100 Mill. DM abschreiben müssen; man sprach vom „nationalen Opfer" seiner Aktionäre. Der Bund übernahm nun Mitte November 1973 jene 48,3 Prozent der Gelsenberg-Aktien vom RWE und bezahlte dafür 641 Mill. DM, so daß man eigentlich von einem Opfer nicht mehr reden kann[67]. Später wurde dann der Bundesanteil auf 51 % aufgestockt. Im Mai 1974 übertrug der Bund diese Gelsenberg-Anteile treuhänderisch auf die Veba, der auch die „Union Rheinische Braunkohlenkraftstoff AG" (Wesseling), die frühere Tochtergesellschaft des RWE, zugeführt wurde. Dann wurde den 80 000 Kleinaktionären der Gelsenberg ein sehr günstiges Umtauschangebot im Verhältnis von 5:4 (Gelsenberg : Veba-Aktien) gemacht, obwohl eigentlich nur ein Verhältnis von 7:4 gerechtfertigt gewesen wäre[68]. Alles in allem wird diese Fusion den Bund wohl 1,1 bis 1,2 Mrd. DM gekostet haben.

Der neue Konzern dürfte im Jahre 1975 einen Gesamtumsatz von rund 26 Milliarden DM aufweisen. Der Bund ist an diesem Gesamtunternehmen mit 43,27 % beteiligt. Da in der Regel die Präsenzziffer in den Hauptversammlungen bei etwa 75 % liegt, dürfte damit eine überwiegend gemeinwirtschaftliche Unternehmensausrichtung sichergestellt sein.

Nach VW und Siemens stellt der Konzern das drittgrößte deutsche Unternehmen dar. Die Veba hatte vor dem Zusammenschluß rund 18 Mill. t Raffineriekapazität, Gelsenberg hatte 10, die Union Wesseling 6; insgesamt ergibt das rund ein Viertel der deutschen Raffineriekapazität. An eigenem Erdölpotential stehen allerdings lediglich 2,5 Mill. t aus Libyen zur Verfügung. Darüber hinaus besitzt der Konzern rund 56 % der Aktien der Aral AG, die rund 10 000 Tankstellen unterhält; dazu kommen noch 750 Tankstellen der Frisia, die im August 1973 übernommen wurden und 700 der Gesellschaft Stinnes Fanal, so daß der Konzern insgesamt mit 11 450 Tankstellen mehr als ein Viertel des Tankstellenpotentials der Bundesrepublik besitzt.

Kritiker haben der Veba vorgeworfen,

daß sie das Beteiligungsprojekt der Deminex in Abu Dhabi torpediert habe. Indessen verhandelte die Veba selbst seit längerem mit der National Iranian Oil Company (NIOC), die am früheren Frisia-Tankstellennetz beteiligt werden sollte. Auf iranischer Seite war als Voraussetzung die Beteiligung der Deutschen am Bau einer Raffinerie von 24 Mill. t Kapazität genannt worden, wobei für die Hälfte der Produkte eine Absatz-Garantie der Bundesrepublik gegeben werden sollte. Danach wollten die Iraner dann über Rohöllieferungen reden.

Der Bund hatte mit der neuen Konzernbildung keineswegs die Deminex und ihre Erdölsuchtätigkeit fallen lassen wollen; ihr sind immerhin rund 1,1 Mrd. DM zur Verfügung gestellt worden. Die Kritiker haben vergessen, daß mit der Gelsenberg-Übernahme die Willensbildung in der Deminex erleichtert und eine Straffung ihrer Unternehmensstruktur vorbereitet wurde: Veba und Gelsenberg haben zusammen bereits 37 Prozent des Aktienkapitals inne; mit der Union Wesseling steigt dieser Anteil auf 55,5 Prozent. Rechnet man noch die Saarbergwerke und die Preussag hinzu, so beträgt der gemeinwirtschaftliche Anteil insgesamt eigentlich 72,5 Prozent.

Man hat der Bundesregierung auch vorgeworfen, sie erhöhe mit dem Fusionsvorgang Veba/Gelsenberg die Rohölbasis der deutschen Unternehmen keineswegs. Indessen muß man sich doch die Frage vorlegen, ob angesichts der Enteignungswelle in aller Welt das Streben nach unternehmenseigener Rohölgrundlage noch der Weisheit letzter Schluß ist.

Die Zukunft dürfte zwei Arten von Unternehmen gehören: Einmal den Bohr- und Suchfirmen, die den nichteuropäischen Erdöleignern das nötige technische Know-how zur Verfügung stellen können. Hier können Prakla und Deminex ihre Rolle spielen. Die zweite Kategorie betrifft große, potente Raffinerie- und Chemiekonzerne, die gleichzeitig über die entsprechende Logistik und Absatzventile zur Lenkung der Erdölströme und zur Ausnutzung ihres handelspolitischen Gewichtes verfügen. Hier dürfte die eigentliche Zukunft des Veba-Konzerns liegen. Und wenn hier den staatseigenen Unternehmen der Lieferländer tatsächlich ein Gebilde entgegentritt, hinter dem die Bundesregierung steht — muß das nicht die deutsche Verhandlungsposition stärken, die bisher hinter der staatlichen Initiative von Ländern wie Frankreich ins Hintertreffen zu geraten drohte?

5. Funktionen und Probleme gemeinwirtschaftlicher Erdölunternehmen im Weltmaßstab

Diese kurze Übersicht über einige bedeutende Unternehmen in den Verbraucherländern, die zu Beginn bzw. im Rahmen einer erheblichen Beteiligung der öffentlichen Hand als gemeinwirtschaftlich angesehen werden müssen, hat gezeigt, daß diese gemeinwirtschaftlichen Ansätze eine sehr unterschiedliche Entwicklung nehmen können. Entscheidend für die Entwicklung ist der Rahmen der betreffenden Branche bzw. des betreffenden Landes, in den die Unternehmen gestellt waren. Die Anglo-Persian bzw. Anglo-Iranian und spätere BP war unter militärischen Gesichtspunkten entstanden, konnte aber später infolge ihrer Einordnung in eine weltweite Kartellbildung der großen Erdölkonzerne nicht einmal mehr diesem Sonderzweck Genüge tun, sondern geriet im Zweiten Weltkrieg in Gegensatz zu ihrem Gründer, der britischen Admiralität.

Andererseits blieben gemeinwirtschaftliche Elemente in diesem Unternehmen insofern lebendig, als es mit zur Auslösung des weltweiten Preissturzes bei Rohöl nach 1957 beitrug, allerdings wohl weniger aus gemeinwirtschaflichen Erwägungen heraus und auch kaum unter dem Einfluß des britischen Staates, sondern mehr infolge seiner Position als großes Rohölüberschußunternehmen mit nicht voll ausreichender Raffineriekapazität. Eine wichtige Rolle hat dabei auch die Tatsache gespielt, daß die BP damals nicht unmittelbar am amerikanischen Markt beteiligt war und daher keine direkten Interessen an einer Hochhaltung des Preises in Anlehnung an das amerikanische Preisniveau und zur Sicherung der dortigen Vermögenswerte hatte. Das hat sich in neuester Zeit geändert.

Die Preispolitik auf Weltebene war auch für die französische CFP bedeutsam, die zwar auch nur eine Minderheitsbeteiligung der öffentlichen Hand darstellt, trotzdem aber stark in den Gesamtzusammenhang der französischen Erdölpolitik eingespannt ist. Fast ebenso wie ELF/ERAP stellt diese Gesellschaft den verlängerten Arm der französischen Energiepolitik dar, die stärker als die anderer Länder auf die gemeinwirtschaftlich ausgerichteten Unternehmen zurückgreift und sie vor allem im Interesse der Versorgungssicherheit auf lange Sicht einsetzt, nicht eigentlich für kurzfristige Preissenkungen.

Die italienische ENI dagegen war unter Mattei gerade mit diesem dritten Ziel angetreten, das sehr bald mit dem der Versorgungssicherheit und der Unabhängigkeit gegenüber den großen Konzernen verschmolz. Dann allerdings sah sich die ENI auch infolge mangelnder Unterstützung ihrer Ausgangsbestrebungen auf Regierungsebene genötigt, teilweise einen Waffenstillstand mit den großen Konzernen anzustreben. Die ENI hatte zu Beginn auf eine langfristige Versorgung des italienischen Binnenmarktes zu günstigeren Preisen abgezielt, wobei der Grundgedanke eigentlich der war, daß es möglich sein müßte, die hohen Zwischengewinne der Konzerne auszuschalten und gleichzeitig eine sichere Versorgung durchzusetzen. Das gelang nur teilweise, da die ENI weiterhin auf den Bezug von Rohöl von den Konzernen angewiesen blieb und diese dabei die Hauptgewinne erzielten.

Dieses Ziel dürfte letztlich auch den bundesdeutschen Bestrebungen zugrunde liegen, wonach durch Übernahme von 51,3 Prozent der Gelsenberg-Gesellschaft im Rahmen der VEBA, der anderen großen Erdölunternehmung mit 40 Prozent Bundesbeteiligung, eine Art deutscher ELF/ERAP geschaffen werden könnte, die dann als Instrument für unmittelbare Verhandlungen mit den Förderländern eingesetzt werden mag. Dieses Gebilde würde immerhin rund ein Viertel des deutschen Marktes in der Hand haben.

Man muß sich fragen, ob dieser viel propagierte Gedanke — Verhandlungen von Staat zu Staat — tatsächlich das alleinseligmachende Prinzip ist, und ob die gemeinwirtschaftlichen Unternehmen im Dienste einer solchen Idee einen sinnvollen Zweck erfüllen können.

Auf jeden Fall hat das Beispiel der ENI gezeigt, daß nicht viel zu erreichen war, solange das Unternehmen nicht auf eine sichere und kostengünstige eigene Rohölbasis gründete. Diese allein hätte es ihm ermöglicht, ähnlich wie die Großkonzerne entsprechende Gewinne aus dem Verkauf an die eigenen Raffinerien zu ziehen, die dann die weitere Selbstfinanzierung — oder die Gewährung günstiger Preise an die eigene Wirtschaft, oder beides — möglich machen. Dies war die Voraussetzung für die notwendig werdenden Großinvestitionen. Allerdings sind inzwischen diese Großkonzerne selbst in die Rolle von Rohölkäufern alias „Steuereinnehmer der Förderländer" zurückgedrängt worden.

Eine weitere Voraussetzung für den Erfolg staatseigener gemeinwirtschaftlicher Unternehmen dürfte das System der „tax credits", d. h. der Abzugsfähigkeit aller im Förderland geleisteten Abgaben sein, wie es in den USA, in Großbritannien und den Niederlanden galt und generell in den Ländern mit gemeinwirtschaftlichen Erdölunternehmen durchgeführt wird. In Deutschland bestehen steuerliche Möglichkeiten analoger Art nur beschränkt, soweit es sich bei den Förderländern um solche handelt, die ein Doppelbesteuerungsabkommen mit der Bundesrepublik haben. Wie die oben zitierten Ausführungen von Vittorini zeigen, ist es auf dem Kontinent eher so, daß gemeinwirtschaftliche Unternehmen teils wegen ihrer „transparenten" Bilanzierung, teils wegen der fehlenden Rohstoffbasis steuerlich gegenüber multinationalen Riesenkonzernen benachteiligt sein können.

Nun darf man nicht vergessen, daß im Zuge zahlreicher Nationalisierungsmaßnahmen eine Vielzahl neuer, für die Förderländer gemeinwirtschaftlich orientierter Unternehmen auf Weltebene erschienen sind. Lassen wir die Vorgänge kurz Revue passieren: Mexiko machte hier 1938 den Vorreiter, Indonesien folgte 1960; 1967 folgte Algerien für Shell, BP, Exxon, Mobil Oil; 1968 wurde Exxon in Peru, 1969 Gulf Oil in Bolivien nationalisiert; dann folgte seit Juli 1970 für Shell, BP, Mobil Oil, Exxon und Texaco eine ganze Kette von Nationalisierungen, die sich bis 1973 hinzogen. Der Irak nationalisierte die IPC im Juni 1972, verschonte aber die französische CFP und einige Konsortien im Süden des Landes. Die Teilenteignung der beiden französischen Gesellschaften in Algerien 1971 haben wir oben bereits erwähnt.

Für den Iran gilt schon seit 1951, daß die Erdöl- und Erdgaslagerstätten selbst nationalisiert sind. Dies gilt nur noch nicht für die Anlagen; auch die Abbautätigkeit selbst blieb in den Händen des Konsortiums. Venezuela hat im Juli 1971 durch Gesetz einen Heimfall der Konzessionen vorgesehen, der sich bis 1983 hinzieht.

Am 5. Oktober 1972 wurden für die bisher „gemäßigten" Länder, die Fürstenstaaten auf der arabischen Halbinsel, die seit 1970 laufenden Bemühungen der OPEC mit Erfolg gekrönt: Das Abkommen von New York sah vor, daß 1973 gegen Zahlung von einer Milliarde Dollar 25 Prozent des Kapitals der Fördergesellschaften in die Hände der Staaten übergehen, dann von 1979 bis 1982 jährlich 5 Prozent und 1983 6 Prozent, so daß, wie in Algerien, 51 Prozent in den Händen dieser Staaten wären. Gleichzeitig wird ein Teil der Fördermengen (1/3 1973, 1/2 1974, 2/3 1975), die den Staaten zufallen („participation oil") wieder an die Konzerne zurückverkauft. Allerdings erhalten diese auch eine Beteiligung der Staaten an den Investitionen. Die Mengen, die die Staaten wirklich selbst verkaufen — hier ergaben sich vielfach die fabulösen Auktionspreise —, sind bisher relativ gering geblieben, es sind nur etwa 5 Prozent der Weltförderung.

Inzwischen ist aber auch das Abkommen von New York längst überholt. Kuwait, das es nie ratifizierte, besitzt seit Januar 1974 60 Prozent des Kapitals und die Kontrolle über die Anlagen, Qatar folgte im Februar 1974. 1974/75 folgt die Gesamtübernahme in Kuwait, von der auch die Aramco in Saudi-Arabien nicht verschont bleibt.

So ist denn eine imposante Serie neuer „Erdölkönige" entstanden. Die Namen der nationalisierten Konzerne sind uns noch nicht ganz vertraut: Pemex (Mexiko), Sonatrach (Algerien), Nigerian Oil Company, Pertamina (Indonesien), Nioc (Iran), Petromin (Saudi-Arabien), Kuwait National Petroleum Company, Irak National Oil Company, und Venezuelan Petroleum Company. Der Kongo-Leopoldville hat seit Jahresanfang seine Petro-Zaire, Norwegen — dem man nachsagt, daß es von „blauäugigen Arabern" bewohnt sei — seine Statoil. Andere werden folgen.

Drei Probleme tauchen für diese neuen staatlichen Gesellschaften auf. Erstens: Wird das Prinzip der „Verhandlungen von Staat zu Staat“ diesen Aufbau einer Unternehmensstruktur überstehen, oder werden die verselbständigten Gesellschaften bald gezwungen sein, eine mehr oder weniger autonome Unternehmenspolitik zu verfolgen, wie man das der italienischen ENI vorwarf? Wenn ja — in welcher Form werden dann die gemeinwirtschaftlichen Grundprinzipien, die schließlich vom Standpunkt dieser Länder bei der Gründung Pate gestanden haben, überleben? Werden diese Unternehmen aus der übrigen Welt soviel wie möglich herausholen wollen — oder werden sie eine längerfristige Politik des Haltens von Reserven im Boden verfolgen, wie das für Länder mit rascher erschöpfbaren Reserven wie Mexiko, Libyen usw. vielleicht sinnvoller wäre?

Und drittens: Wird Adelman Recht behalten, der im Einklang mit dem Saudi-Minister Yamani der Ansicht ist, daß eben diese Verselbständigung der nationalen Interessen der Förderländer in eigenen Gesellschaften schließlich zur Sprengung des OPEC-Kartells führen muß, weil jede nationale Gesellschaft versuchen wird, durch günstigere Preise und Abgabebedingungen einen etwas höheren Marktanteil herauszuschlagen, wobei das gemeinsam etablierte Steuerniveau seine überschaubare Kontrollrolle verliert, so daß schließlich der mit Staatenkartellbeschlüssen hochgetriebene Weltmarkt-Kartellpreis durch eine neue Ölschwemme zwangsläufig unterboten wird? Es scheint heute — im März 1975 —daß sich diese Voraussage bereits bewahrheitet: Schon haben „umsatzgeschwächte“ Länder wie Libyen und Abu Dhabi mit dem „chiselling“ (einem Preisnachlaß auf Raten) begonnen.

Es stellt sich hier ein gigantisches, weltweites Problem: Förderländer wie Verbraucherländer haben sich darum bemüht, die auf privaten Maximalgewinn abstellenden Großkonzerne aus dem Weltmarkt auszuschalten. Es ist ihnen nur unvollkommen gelungen. Noch immer ist die „Logistik“ der Erdölwirtschaft, das System der technischen Förderung, der Transport, der Vertrieb, das Endverteilernetz im wesentlichen in Händen der Großkonzerne. Noch mehr gilt das von Substitutprodukten. Hier bleibt die Marktmacht der Großkonzerne erhalten.

Es stellt sich die Frage, ob es gelingen könnte, die jeweils im Interesse der einzelnen Länder „nationsegoistisch“ gesehen tatsächlich gemeinwirtschaftlichen Interessen, die eben weltwirtschaftlich gesehen nicht mehr gemeinwirtschaftlich sein können, im Rahmen von Unternehmensgefügen neuer Art, gewissermaßen multinationalen gemeinwirtschaftlichen Konzernen, auf ein „Weltallgemeinwohl“ auszurichten, das vor allem auch die „Vierte Welt“, die Entwicklungsländer ohne eigenes Erdöl, nicht untergehen läßt.

Das Problem einer „Weltgemeinwirtschaft“ ist noch zu wenig erörtert worden. Es fließt zusammen mit der allgemeinen Problematik jener Debatte um die Möglichkeiten und den Sinn des Wachstums im Rahmen einer Weltgesellschaft, die als Hauptziel nicht eine rein materialistische und nicht zu realisierende Wohlstandsgesellschaft amerikanischen Stils anstrebt, sondern eine Maximierung des Wohlergehens, eine maximale Glückseligkeit oder einen Zufriedenheitszustand, wobei dieser eben nicht allein auf äußeren Dingen, sondern auf einer Gemeinschaftskonzeption beruhen sollte, wie sie von den Vätern der Gemeinwirtschaftstheorie einstmals in großen Umrissen angestrebt wurde.

6. Das Weltenergieproblem — Chancen einer gemeinwirtschaftlichen Renaissance?

Es zeigt sich, daß die Entwicklung zur Gemeinwirtschaft in einem Land keineswegs notwendigerweise im weltwirtschaftlichen Sinne gemeinwirtschaftlich sein muß. Dabei stellt sich die Frage, ob es nicht Aufgabe der Regierungen der Produzenten- und Konsumentenländer ist, eine Lösung zu finden, die dem Gesichtspunkt des ökonomischen Wohlergehens, des „welfare“ der Welt und ihrer Verbrauchermassen Rechnung trägt, gleichzeitig aber die berechtigten Interessen der unterentwickelten Erzeugerländer selber wahrt.

Bisher ist die Überführung der Primärenergieträger in gemeinwirtschaftliche Nutzung stets um einige Phasen zu spät gekommen: Die Übernahme der Wälder, der Wasserkräfte und Kohlengruben in eine gemeinwirtschaftliche Bindung erfolgte stets erst dann, wenn der neue Energieträger mit zunächst überwiegend privatwirtschaftlichem Charakter bereits vor der Türe stand. Es kann geschehen, daß ähnliches auch für die Erdöl- und Erdgasquellen im Nahen Osten geschieht: Ölschiefer und Ölsände, Nuklearwirtschaft, geothermische und solare Energie, Meereswellen und — last not least — die Gewinnung von Treibstoff aus Hydrogen mit Nuklearkraft — all das mag erneut privater Pioniertätigkeit neuen Auftrieb geben. Welche Rolle kann die Gemeinwirtschaft hier spielen? Kann sie diesmal dem „Überholungseffekt“ entgehen?

Man könnte den Befürchtungen in dieser Hinsicht entgegenhalten, daß schließlich Hoffnung auf eine „Renaissance“ der Kohle besteht: Kohlehydrierung (Methoden hierfür wurden vor allem in Deutschland und Südafrika entwickelt), Vergasung der Kohle (besonders wichtig angesichts der Erdgasverknappung in den USA), multiple Verwendung der Kohle für chemische Zwecke — all das belebt die Hoffnung für einen Bereich, der gleichzeitig Träger gemeinwirtschaftlichen Denkens in einer Vielzahl von Ländern geworden ist und dessen restlose Überführung in den Gemeinwirtschaftssektor auch in der Bundesrepublik wohl nur noch eine Frage der Zeit ist.

Hier nun setzt die entscheidende Rolle der Forschung ein. Wenn in der Bundesrepublik eine runde Milliarde DM in den Jahren 1974 bis 1976 für die Forschung zur Kohlevergasung, Kohlehydrierung und Produktionstechnologie zur Verfügung stehen wird, so kann die Forschung damit zum ersten Male einem vorwiegend gemeinwirtschaftlichen Bereich zugute kommen; bisher war sie meist von privatwirtschaftlichen Interessen eingesetzt worden.

Indessen besteht die Gefahr, daß man sich gewissen Illusionen hingibt. Kostenmäßig gesehen, scheinen die besten Chancen für die Hydrierung von Kohle in den USA zu bestehen. Eben hier haben die großen privaten Erdölgesellschaften bereits vorgebaut und rund ein Drittel der Kohlevorkommen der Vereinigten Staaten erworben. Wird sich das Paradoxon ergeben, daß sich die Renaissance der Kohle, die schon unwiderruflich der Gemeinwirtschaft anzugehören scheint, nun erneut unter privatwirtschaftlichen Vorzeichen ereignet? Denn es besteht keinerlei Garantie dafür, daß Kohle und Gemeinwirtschaft synonym sind, und es ist sehr die Frage, ob die Gemeinwirtschaft sich direkt oder indirekt vorwiegend einem Energieträger verschreiben sollte, der nach langer Agonie zumindest nicht mehr dynamisch, wenn nicht gar dem Untergang geweiht ist.

Wir erleben hier im Weltmaßstab das Ringen zwischen zwei großen Prinzipien, das noch nicht abgeschlossen ist. Es mag aber zugunsten der Gemeinwirtschaft entschieden werden, wenn sich vier Kräfte durchzusetzen beginnen:

Erstens hat sich in der letzten Energieversorgungskrise herausgestellt, daß man die lebenswichtigsten weltwirtschaftlichen Versorgungsvorgänge nicht ungestraft in rein privatwirtschaftlichen Händen belassen kann, sondern daß es hier der Gespräche zwischen den Staaten bedarf, damit gemeinwirtschaftliche Kräfte die Oberhand gegenüber privaten Marktkräften bekommen können.

Zweitens wird es angesichts der immer stärker werdenden Unsicherheitselemente in der Energieversorgung — sowohl im Hinblick auf die Schürfung wie auch die Ausbeutung der Vorkommen — fraglich, ob diese Versorgung auf rein privatwirtschaftlicher Ebene noch bewältigt werden kann.

Drittens kann die Verstärkung spekulativer Tendenzen bis in den Währungsbereich hinein als zusätzlicher Grund für einen Einbau gemeinwirtschaftlicher Überlegungen in eine künftige Weltenergieordnung angesehen werden. Die Tendenz zu einer Verringerung solcher spekulativer Elemente mag als dritte Kraft wirksam werden, zumal die Menschen in den Förderländern nicht mehr bereit sein werden, die Stoffe, die die Basis für ihre Zukunftsentwicklung abgeben, dem freien Spiel und den bloßen Zufälligkeiten des Weltmarktes zu überlassen. Der Trend geht in die Richtung der Einbeziehung der Energieträger in internationale Warenabkommen, zu deren Durchführung es der starken Hände der Staaten bedarf.

Viertens hat sich inzwischen — nicht zuletzt wegen der Propagandawirkung von Schriften wie denen des „Club of Rome" und trotz deren wissenschaftlicher Schwäche — in breitesten Kreisen die Furcht durchgesetzt, die Welt gehe einer gigantischen Periode des Mangels entgegen. Marktwirtschaft war bisher weitgehend synonym mit einem Aus-dem-Vollen-Schöpfen — die Zeiten, in denen Kapitalismus synonym mit Raubbau am Menschen und an Naturkräften war[69], scheinen angesichts der heutigen Situation der Weltwirtschaft tatsächlich zu Ende zu gehen.

Anhang

Tabelle 1

Primärenergieverbrauch der Welt nach Energieträgern
(in Mill. + Steinkohleneinheiten — SKE)

	Kohle	Erdöl	Erdgas	Wasser-kraft	Insgesamt
1870	207	11	—	—	218
1900	723	29	9	16	777
1913	1 255	77	22	45	1 399
1938	1 287	355	97	113	1 848
1950	1 547	680	256	187	2 670
1959	2 134	1 270	515	256	4 175

Tabelle 2

Stromverbrauch (in Mrd. Kilowattstunden)

	Deutsch-land	Frank-reich	USA	Großbri-tannien	Schwe-den	Italien	Welt
1870	—	—	—	—	—	—	800
1900	—	0,3	—	—	—	—	6 000
1914	—	2,0	—	—	1,8	—	10 000
1920	—	5,0	60	4,5	2,5	—	10 000
1925	20,3	10,2	81,8	11,7	3,7	7,4	—
1929	30,7	14,4	113*	15*	5,0	10,0*	13 000
1937	49,0	22	170,0	24,3**	7,9	15,0**	14 000
1950	—	31,0	350	50	18,0	30,0	20 000

* 1928 ** nur öff. Werke

Tabelle 3

Verbrauch (in Mill. t Öläquivalent)

	Kohle			Öl			Erdgas		
	1960	1970	1980	1960	1970	1980	1960	1970	1980
USA	260	352	540	484	604	900	346	612	800
Japan	46	57	75	39	189	365	1	4	60
Gemeinschaft (9)	330	265	257	155	469	740	9	72	210
Welt	110	89	90	31	116	200	1	13	36
Bundesrepublik	1450	1700	2270	939	2120	3670	4220	9880	2000

Tabelle 4

Prognose der Entwicklungs- und Betriebskosten (nach Adelman)

(in Dollar und pro Barrel)	Sechziger Jahre:	Mitte der achtziger Jahre:
USA	1,22	—
Venezuela	0,46	0,64*
Libyen	0,16	0,54*
Algerien	0,28	0,57*
Nigeria	0,16	0,46*
Iran	0,097	0,14 — 0,2
Irak	0,07	0,12 — 0,2
Kuwait	0,105	0,2
Saudi-Arabien	0,086	0,18 — 0,2

(* sogenannter „langfristiger Angebotspreis“)

Anmerkungen

1 Werner Sombart, Der moderne Kapitalismus, 5. Aufl., München/Leipzig 1922, 2. Bd., 2. Halbband, S. 1145; vgl. a. die Aufstellung bei Sombart, a. a. O. 1. Bd., 2. Halbband, S. 485 ff.
2 Maurice Masoin, L'énergie en révolution, Paris 1961, S. 21
3 1760—1800: Ir. U. Nef, The Rise of the British Coal Industry, London 1932, Vol. I, S. 19; Vol. II, S. 353/7; 1800—70: Phyllis Deane u. W. A. Cole, British Economic Growth 1688—1959, Cambridge 1962. S. 216
4 Vgl. S. H. Schurr/B. C. Netschert u. a., Energy in the American Economy: 1850 bis 1975, Baltimore 1960, S. 157—190
5 Masoin, a. a. O., S. 16
6 Arbeitsgemeinschaft deutscher wirtschaftswissenschaftlicher Forschungsinstitute, Untersuchung über die Entwicklung der gegenwärtigen und zukünftigen Struktur von Angebot und Nachfrage in der Energiewirtschaft der Bundesrepublik, Berlin, 1962, S. 19
7 Angus Maddison, Economic Growth in the West, London 1964, S. 28, Tabelle I, 1
8 Vgl. Tabelle 2 im Anhang. Quellen: J. M. Jeanneney/C.A. Colliard, Economie et Droit de l'Electricité, Paris 1950, S. 48/49. Ab 1925 ergänzt durch: Statist. Jahrbücher des Deutschen Reichs 1930 (Intern. Übersichten, S. 42) und 1958 (Intern. Übers. S. 85); Ziffern für die Weltelektrizitätserzeugung nach: Dokument A./Conf. 8/P/902 der Internat. Konferenz zur Friedlichen Anwendung der Atomenergie, Genf, 28. 6. 1955
9 Hierzu und zu den folgenden Ziffern: OECD, L'Energie en Europe. Nouvelles Perspectives, Paris 1960; vgl. a. Maurice Masoin, L'énergie en révolution, Paris 1961, S. 38 ff.
10 M. A. Adelman, The World Petroleum Market, Baltimore 1972, S. 358/359
11 Michel Grenon, Pour une Politique de l'Energie, Verviers 1972, S. 65/67
12 Grenon, ebenda, S. 32
13 Peter Hill und Roger Vielvoye, Energy in Crisis, London 1974, S. 89
14 Bericht der französischen Energiekommission zum VI. Plan; Documentation française, April 1971. Vgl. a. Commissariat Général du Plan: L'Energie, Paris 1972, S. 53
15 Battelle, Centre de Recherche (Autor: Gabriel Bouladon): Towards a better utilization of Energy in Transport, Genf, 16. 5. 1974, S. 13 ff.
16 Adelman, Petroleum Market, S. 342
17 Jean-Marie Chevalier, Le Nouvel Enjeu Pétrolier, Paris 1973, S. 93/94
18 Grenon, Politique de l'Energie, S. 110
19 Adelman, Petroleum Market, S. 137
20 Edith Penrose, The large International Firms in Developing Countries, The International Petroleum Industry, London 1968, S. 185
21 M. A. Adelman, The Multinational Corporation in World Petroleum, in: The International Corporation, herausg. v. C. P. Kindleberger, Cambridge/Mass. u. London 1971, S. 228
22 W. J. Levy, The Past, Present and Future Price Structure for the International Oil Trade, Third World Petroleum Congress Paper, 1951
23 Adelman, Petroleum Market, S. 145
24 Adelman, a. a. O., S. 145
25 Adelman, a. a. O., S. 158
26 Z. B. Zeb Mayhew, International Oil and Gas Development, Dallas 1961; und Erklärung des Vorsitzenden des Board (Vorstands) der Britisch Petroleum, Maurice Bridgman, vor dem American Petroleum Institute, November 1963
27 M. A. Adelman, The Multinational Corporation in World Petroleum, S. 228/229
28 Adelman, Petroleum Market, S. 196
29 Adelman, The Multinational Corporation

in World Petroleum, S. 228/229
30 Peter R. Odell, Oil and World Power, A geographical Interpretation, Harmondsworth (Pelican), 2. Aufl. 1972, S. 65
31 Adelman, Petroleum Market, S. 208
32 Odell, a. a. O., S. 30/31
33 Hill/Vielvoye, a. a. O., S. 100/101
34 Odell, a. a. O., S. 26/27
35 Grenon, a. a. O., S. 290/291
36 Adelman, Petroleum Market, S. 227
37 Adelman, a. a. O., S. 348/50
38 Adelman, a. a. O., S. 348/50
39 Energiestatistik: Preisvergleich für Brennstoffe, Statist. Amt der Europ. Gemeinschaften, Heft 1/1974, Tabelle 36, S. 142
40 Adelman, Petroleum Market, Anhang II-H, S. 317—320 und S. 47
41 Adelman, a. a. O., S. 76
42 Adelman, a. a. O., S. 112, 125
43 Adelman, a. a. O., S. 209, 252, 253, 258
44 Adelman, a. a. O., S. 250/251
45 Zusammenfassende Schilderung bei Grenon, Politique de l'Energie, S. 260—264, und Chevalier, S. 95—111
46 Grenon, a. a. O., S. 265; Adelman, Petroleum Market, S. 8
47 Adelman, a. a. O., S. 254/255
48 Hill/Vielvoye, a. a. O., S. 97—99
49 Hill/Vielvoye, a. a. O., S. 65—67
50 Nach Berechnungen der OECD (Erklärung von M. Roelands du Vivier, Paris, 10. 1. 1974)
51 Hill/Vielvoye, a. a. O., S. 83—84
52 Vgl. hierzu die Einzelheiten bei: Karl Kühne, Erdöl — Weltuntergangssignal oder Basargefeilsch? Gewerkschaftliche Monatshefte, Köln, Februar 1974, und: Karl Kühne, Erdölpreis, Sozialismus und Weltwirtschaft, in: Die Neue Gesellschaft, 21 Jg., Februar 1974, S. 121
53 Ziffern nach den „Schnellberichten" EUROSTAT des Statistischen Amtes der Europäischen Gemeinschaften, 22. 1. 75, und neueste Fortschreibung
54 Schnellbericht EUROSTAT des Statistischen Amtes der Europäischen Gemeinschaften, Nr. 10/1974, Anhang, S. 4, v. 2/1975
55 OECD, Economic Outlook, OECD-Observer No. 71, Paris, August 1974, S. 23
56 Vgl. Artikel: „Pushing for cheaper oil", Newsweek, 3. 3. 1975, S. 28, 32
57 Literatur zu diesem Abschnitt: s. Grenon und Chevalier, a. a. O., Ferner: Peter R. Odell, Oil and World Power, 1. Aufl. London 1970, 2. Aufl. 1972; André Nouschi, Le lotte per il Petrolio nel Medio Oriente, Milano 1971 (italienische Ausgabe des frz. Originalwerkes: Luttes Pétrolières au Proche Orient, Paris 1970); Wayne A. Leeman, The Price of Middle East Oil, New York, 1962; B. Cooper/T. F. Gaskell, North Sea Oil — The Great Gamble, London 1966; M. A. Adelman, The World Oil Outlook, in: Natural Resources and International Development, herausg. v. Marion Clawson, Baltimore 1964, S. 27 ff.; Petroleum — Facts and Figures, Baltimore 1931 (Herausg. v. L. M. Manning, American Petroleum Institute); Richard Pryke, Public Enterprise in Practice, London 1971; W. A. Robson, Nationalized Industry and Public Ownership, London 1960, S. 483, 491, insb. S. 470/1
58 Vgl. Economist, 4. Januar 1975, S. 63: „Burmah off the rails".
59 Literatur zu diesem Abschnitt: s. Grenon und Chevalier, a. a. O., Ferner: Daniel Durand, La Politique Pétrolière Internationale, Paris 1960, 2. Aufl. 1962; Die Energiewirtschaft im Gemeinsamen Markt, Herausg. v. F. Burgbacher/T. Wessels, Baden-Baden 1963; Centre Européen de L'Entreprise Publique (CEEP): Les Entreprises Publiques dans la Communauté Economique Européenne, Paris 1967, sowie laufende Veröffentlichungen des „Centre": „Entwicklung der Öffentlichen Wirtschaft in der EWG", 1960—1970, Brüssel, Mai 1971; „Die Entwicklung der öffentlichen Wirtschaft der Neun", Brüssel, Mai 1973 (ent-

sprechende Veröffentlichung 1975 in Vorbereitung).

60 Literatur zu diesem Abschnitt: Durand, a. a. O.; Grenon, a. a. O., Ferner: Oben aufgeführte Veröffentlichungen der CEEP. Geschäftsberichte der ENI seit 1960. M. Vittorini (siehe nächste Anmerkung). S. Luciano/R. Macri, Die Gemeinwirtschaft in Italien in: Schriftenreihe Gemeinwirtschaft, Heft 14

61 Marcello Vittorini, Petrolio e Potere, Venezia e Padova 1974, S. 51/52

62 Vgl. Handelsblatt, 19. 6. 1973: „Großfusion bei Energie: Veba kauft Gelsenberg"

63 Frankfurter Allgemeine Zeitung, 19. 6. 1973: „Bundesregierung strebt Öl-Einheitsgesellschaft an"

64 Wilhelm Throm, „Das deutsche Interesse am Erdöl", Frankfurter Allgemeine Zeitung, 27. 2. 1974

65 Vgl. Heinz-Günter Kemmer, „Nur wenn der Bund zahlt", Die Zeit, Nr. 27., 29. 6. 1973

66 Otto Graf Lambsdorff, „Pakt der Zwerge", in: Die Zeit, Nr. 30, 20. 7. 1973

67 Frankfurter Rundschau, 9. 5. 74: „Veba-Gelsenberg-Fusion läuft".

68 Günter Ringleb: „Öl-Geburt ist perfekt", Handelsblatt, 30. 10. 1973

69 Vgl. hierzu: Karl Marx, Ökonomische Schriften in thematischem Zusammenhang, herausg. v. Karl Kühne, Stuttgart 1970, S. 339, 349, vgl. a.: Karl Kühne, Ökonomie und Marxismus, Band II: Zur Dynamik des Marxschen Systems, Kapitel VII; 36: Marx und die Menschheitsapokalypse, S. 553 ff.

Bisher sind in der Schriftenreihe
Gemeinwirtschaft erschienen:

Nr. 1
Walter Hesselbach
Die Bedeutung der Gemeinwirtschaft
in der deutschen Volkswirtschaft

Nr. 2
Gerhard Neuenkirch
Die Zusammenarbeit
in der Gemeinwirtschaft

Nr. 3
Theo Thiemeyer
Grundsätze einer Theorie
der Gemeinwirtschaft

Nr. 4
Walter Hesselbach
Die gemeinwirtschaftlichen
Unternehmen

Nr. 5
Hermann Josef Wallraff
Aktuell-funktionale Gemeinwirtschaft

Nr. 6
Karl Kühne
Das gemeinwirtschaftliche Unternehmen
als Wettbewerbsfaktor

Nr. 7
Achim von Loesch
Die nordamerikanischen Arbeiterbanken
in den zwanziger Jahren

Nr. 8
Walter Hesselbach
Gemeinwirtschaftsbanken
in Entwicklungsländern

Nr. 9
Hans Ritschl
Marktwirtschaft und Gemeinwirtschaft

Nr. 10
Franz Nekula
Die Gemeinwirtschaft in Österreich

Nr. 11
Gerhard Weisser
Gemeinwirtschaftlichkeit
bei Einzelwirtschaften

Nr. 12
Achim von Loesch
Die deutschen Arbeitnehmerbanken
in den zwanziger Jahren

Nr. 13
Theo Thiemeyer
Gemeinwirtschaft in Lehre
und Forschung

Nr. 14
Salvatore Luciano/Roberto Macri
Die Gemeinwirtschaft in Italien

Nr. 15
Peter Eichhorn
Grundlagen einer gemeinwirtschaftlichen
Erfolgsrechnung in Unternehmen

Nr. 16
Yoshio Hoynden
Arbeiterbanken in Japan

Nr. 17
Gert von Eynern
Gemeinwirtschaftliche Bindung
von Unternehmen

Nr. 18
Karl Kühne
Energie, Erdöl und Gemeinwirtschaft